心をととのえる
インテリア

INTERIOR
FOR
MINDFULNESS

加藤登紀子

光文社

前がきにかえて

インテリアは
小さなルーティンからできている

わたしたちの家での時間は、
いくつかのルーティンの積み重ねでできています。

朝、ベッドをととのえて、顔を洗い
ふわりとしたタオルの手ざわりで一日をはじめる。
日中は、自分の時間と家族の時間を切りかえながら過ごし、
夜は眠るまえに、短くとも心静かなときを経て、
一日にピリオドをうつ。

そうしたルーティンを支える場所に、少しだけ「手」と「心」をかけてみると、
家はその思いに応えるように、心地よい時間をかえしてくれます。

タオル1枚、カップ1個、椅子1脚……
自分を幸せな気持ちにしてくれるものを相棒にすれば、
日々のルーティンは喜びにもなる。
そしてその積み重ねは、暮らしの確かな幹になり、
人生に心地よい木漏れ日や果実を
もたらしてくれる、と思います。

本書のために、ご家族の暮らしと
豊かなひとり時間を上手に両立している方々、
また海外のクリエイターの家や、
デンマーク家具のデザイン史に残る
伝説のマイスターの家までも訪ねてきました。

間に合わせの道具立てではなく、
かといって高額な家具を買えば完成、でもない。
インテリアと心が「響き合う」楽しさを発見していただければ嬉しいです。

心をととのえる
インテリア

CONTENTS

CHAPTER 1

日々の暮らしのルーティン。

磨けば、安らぎとよろこびが家の中にあふれてきます

THE NEW ROUTINES AT HOME

Morning

目覚めて最初に目に入るものに気持ちをむけてみる

『朝、自分のために何をしていますか？』「朝の儀式」という女性誌の連載を長く担当していたため、多くの方にたずねてしまうことです。青山でギャラリーを営む憧れの女性の寝室には、ぽっかりと雲が浮かんだ平松麻さんの無垢な絵画が飾られていました。以来１日の最初に目にするものを意識するようになり、瑞々しい植物を描いた版画を、目覚めた後の視線の先に掛けています。新しい１日を気持ちよく迎える風景を、インテリアの力でつくってみませんか。

モノクロームの森の写真。季節ごとに掛け替えます。（ひより邸）

植物と向きあう。季節がうごく
小さな感動に心が満たされます

植物に手をかけて暮らしている人は満たされています。朝の水やりで、生まれたての新芽に感動を覚え、そして成長を待つことも、次の季節に備えることも受け入れている。そうした植物からの学びが穏やかな暮らしに繋がるように思えます。育てる余裕も自信もない方はシマトネリコや斑入りアイビーなど、葉色が美しく手のかからない植物はいかがでしょう。葉が太陽を浴びて輝き、さわさわと揺れるさまで、光や風を目にすることも日々の喜びになります。

身支度をする人を主役に。
タオルからはじめる「きれいなる」空間づくり

ホテルの端正なパウダールームでの身支度は気分のよいものです。ものはきちんと収納され、カラースキームは２色か３色におさえられている。「身支度をする人を主役にする」こととして、インテリアは寡黙にすることが鉄則なのだと思います。もしそこまでの道のりが遠いと感じるなら、タオルだけでも総替えしてはいかがでしょう。肌ざわりにこだわり、白、ベージュ、ライドグレーなどのおさえた色味で揃えてみる。少しずつ気持ちに変化が生まれるはずです。

スーピマコットンのタオル。1年で総取り替えと決めています。(O邸)

掌の感触、温度、香り、味わいを感じる 器は最小のインテリア

お茶の時間を、気持ちの切り替えの「小さな儀式」にしている方は多いですね。私自身もそうです。自宅で仕事にとりかかるとき、煮詰まったとき、さあこれで一区切りというとき、スモーキーな炒り番茶やコーヒーを京都の村田森さんや、備前の星正幸さんの器で一服。どちらも掌に伝わるのはザラリとした土の感触ながら、口ざわりは繊細。一服の温度、香りや味わいを深く感じる「五感をとぎすます最小のインテリア」。数分のブレイクが豊かな時間になります。

朝のコーヒーのための黒河兼吉さんのカップ（植村邸）

空間を広げ、ときには自分を律してくれる ミラーを味方につける

ある美容家の方が、リビングに円形のサイズ違いのミラー３枚を掛けて、外の景色を写りこませていました。ミラーとのつき合い方を知っている、と思いました。ミラーだけが見せてくれる新しい視点があり、それは小さな窓のように空間に広がりを生んでくれます。私は仕事部屋にもミラーを掛け、デスクワークの日には時折その前に立つことを習慣にしています。「調子が出ないのはこんなに表情が固まっているから？ 家でも家なりに身ぎれいに」と、ミラーはときに自分を律してくれます。

Daytime

収納スペースは自分を見つめる場所

不意打ちのように訪ねても、整理整頓の行き届いている人がいます。そんな彼女たちに共通しているのは、右往左往しない自分のペースをもっていること。収納をととのえることは、「暮らしの体幹」を鍛えることなのだと思います。疲れていてもニット一枚をきれいに畳んでみると、気持ちがすっと落ち着いていく。そんな繰り返しを大切にしたいと思います。ものが増えてしまって、まずはその整理が先という方には、チェストや棚などを、“とりあえず”のものから心から気に入ったものに替えてみるのもお勧めです。好きな「箱」を前にするとそれに見合うもの、見合わないものの選別が進みます。

上：特注した家具でよりととのった収納（ひより邸）
下：毎晩のワインのために、飾るようにグラスを収めた棚（菊川邸）

Evening

ひとときのエスケープに寄り添う
自分だけの椅子をもつ

　家族をもち、また自身の会社を率いる女性の家を訪ねたとき、ゴージャスなソファとは別に、窓辺に置いた「IDÉE」の子供用の小さなアームチェアが目にとまりました。聞けば、気分転換をしたいときに家中の好きな場所に持ち歩いている、ちょうどいい座り心地のマイチェアだそうです。妻であり、母であり、娘であり、また仕事人であり……様々な「役割」から離れ、ひとときのエスケープを共にする一脚は、慌ただしい日々に自分だけの時間をくれるようです。

本棚横には思索を深めるPPモブラーの「ザ チェア」（石川邸）

家のなかに小さくても
マイ・ワークスペースをもつ

家は、「寛ぐ場所」から、「働いて×寛げる場所」に変化しています。個室をもつことはむずかしくても、LDや寝室に小さなデスクを置いてみる、キッチンカウンターの一角や収納スペースのリユース（写真）を考えてみる、もしダイニングテーブルを兼用するなら仕事道具をさっと収納できるワゴンを新調する。そんな工夫で家のどこか一つをマイ・ワークスペースと決めてみる。小さくても「仕事道具がまとまった場」をもつと、オンとオフの切り替えはスムーズになります。

奥行きわずか85cmながら居心地のよい場所（ユズィール邸）

小さな灯りは一日の平穏なピリオドになる

キャンドルのような小さな灯りをともすと、日常のざわめきは遠のいて、心が緩んでいきます。私が寝室で愛用しているのは、シェードの向きをかえられる小さなランプ。読書灯として手元を照らすだけでなく、壁や部屋のコーナーを照らすなどして、その陰影の美しさにしばし心を遊ばせています。昨今はデザインや光の質が進化したポータブルランプも多く、灯りを好きな場所に置くことができます。ぐっすりと眠るためのお守りとしてもお勧めします。

右下：ヘッドボードまわりに、光の向きをかえられる小さな灯りを（山下邸）

Night

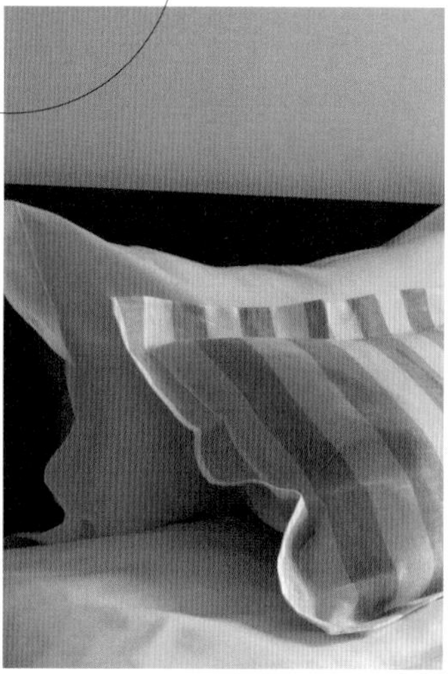

身体と気持ちを深くいたわる
上質なベッドリネンは自分へのギフトです

日本で寝室を撮影させてくれる方は少数派ですが、海外では美しくととのえた寝室を誇らしげに見せてくれる方が多くいます。そしてその主役が、ピロケース、シーツ、デュベカバーなどのベッドリネン。日々肌にふれる親密なアイテムですが、今、国内で探すのなら上質なリネン（亜麻）がお勧め。空気をふくんだような心地よい肌ざわり、そしてカジュアルで洗練されたオーラはそのまま部屋の雰囲気に。洗濯機で洗えて乾くのも早いので、収納場所をとる洗い替えをもたない“ワンオペ”でも、5年ほどはその優しさが続きます。

左上：麻のピロケースは、洗濯に手間がかからないのも魅力（菊川邸）

CHAPTER 2

日本の素敵な人と空間

素敵なあの人たちに見せてもらった、とびきりの

「家でのひとり時間」

家事と仕事、子育てや親のサポートなど
女性のリアルな日常は忙しく、
息切れをしたり、気持ちがゆれる日もあります。

けれど…… 穏やかな語り口、
おおらかな笑顔、温かい思いやりや、
澄んだ眼差しをたやすことなく
淡々と生活を守り、楽しんでいる方々がいます。

彼女たちの気持ちの真ん中を支えるのは
どうやら家でのひとり時間のようです。

大げさなことではなく、
我が家の一角で、わずかな時間、
自分を幸せにしてみませんか。

好きな器とコーヒー、
満ちる香り……幸せのルーティンを
支えてくれる心地よいキッチン

植村美佐子さんの

月曜日
AM6時

京都の陶芸家 黒河兼吉さんのカップの感触とコーヒーの香り。大学で教鞭をとるご主人、2人のお子さんの4人家族。近くのブーランジェリーを手伝うかたわら、資格を活かしワイン講師も。

「朝と夕方、キッチンで過ごすひとりの時間は、私の大切なひとときです」と植村さん。とりわけ家族が起きる前の、静けさに包まれた朝の時間は特別なもの。前夜にきちんと片づけたキッチンでお湯を沸かし、ゆっくりとコーヒーを淹れる。立ちのぼる香りに包まれて、好きなカップでその一杯を味わう。わずか15分ほどのことですが、湯気、音、香り、器の感触、味わい……小さな習慣に五感で向き合うことで心は満たされ、一日を笑顔で迎える準備がととのいます。そして仕事から戻り、一息つくのもやはりこの場所。窓辺に向かってスツールに腰かければ、そこは自分だけの特等席。しばし気持ちを休ませた後に、再びスイッチを入れて夕食の献立を考え、買い物へ。家族との賑やかな時間への準備が始まります。

朝の静寂のひとときのために
キッチンは前の晩のうちに
きちんと、がルール

上左：コーヒーはドリップでゆっくりと。
上右：敷地15坪の都心の3階建て。
2階のLDKの、自然光がたっぷり入る
窓側に、こだわりのオーダーキッチンを。
“生活の中心に食事を”と考え広めに設けた
キッチンは居心地のよい豊かな空間。
キッチンの仕上げ材は上質な
ウォールナット。黒のカウンターとの
取り合わせも美しい。
下左：手持ちの器のサイズに合わせて
設計した引出し。朝の相棒であるカップが
並んでいるのを見ているだけでも
楽しい。取っ手は繊細な真鍮。
下右：キッチンの棚には植村さんの出身地
京都の人気専門店
「CIRCUS COFFEE」のコーヒーも。

左:ダイニングには工芸品のように美しい
デンマーク「&tradition」の
ペンダント。繊細な吹きガラス。
右:キッチンのシャワー水栓は「KOHLER」。
キッチン扉の取っ手と同じ
マットな真鍮色。
ふれたときにひやりとしない、優しい感触。

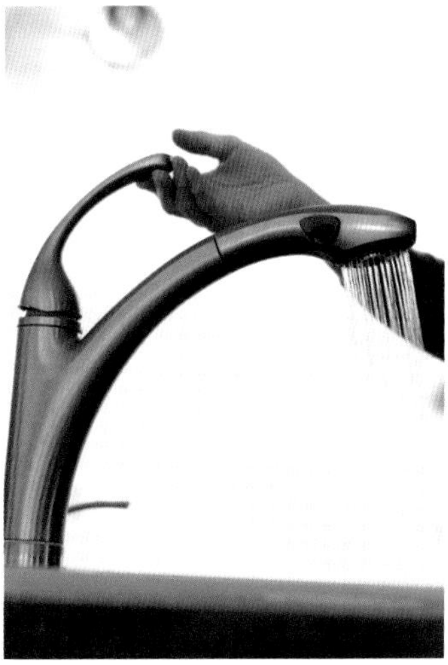

玄関、洗面、キッチン
気持ちを切り替える場所は
長く愛せる素材づかい

左:玄関ホール。居心地のよい空間づくり
のため、靴箱の面材はキッチンと同じ
ウォールナットで美しく。
本体はリーズナブルなメーカー品を使用。
右:洗面所も本体、カウンターは
メーカー品で、扉のみ別注。扉で空間の
グレードは格段に上がり、価格も
抑えられるよいアイデア。
新築デザイン「FILE」(P.124)

止まり木のようなスツールを持ち込み一息。
植村邸ほどスペースがなくても
キッチンには意外に落ち着ける場所がある。
スツール片手に探してみる価値ありです。

カーテンを開け、ベッドをととのえる。心地よい布の感触とともに時が動きだす

菊川博子さんの

木曜日 AM7時

大人の洗練されたリネンづかいを
提案する「リネン&デコール」オーナー。
テラスに面した窓には、
モダンな濃紺のリネンを、
フラットカーテンに仕立てて。
適度な厚みのあるリネンは
光を通しながらも視線を遮ってくれる。

ハウスリネンは‘家に着せる服’のようなもの。菊川さんのモダンなお宅を、フワリとととのえるのは上質なリネン（亜麻）。窓辺に、寝室に、洗面所に、日々のルーティンを支えるリネンが使われています。「20代の頃『カトリーヌ・メミ』のリネンのパジャマに魅せられコツコツ集めてきました」。コットンほどカジュアルではなく、シルクほど気どっていない。ほどよく洗練された天然素材は、使うほどに肌に馴じみ癒されるそうです。菊川さんの朝一番のルーティンはベッドメイク。ととのえれば、心地よいリネンの感触とともに、新しい一日が動きだす。その後、寝室へ着替えにいっても、日中に廊下から目にしても、帰宅したとき、眠るときにも、美しい寝室を眺めるたびに、心に穏やかな凪が広がっていくそうです。

その手ざわりで
忙しい朝の時間を
癒すリネンたち

上左：洗面所にはハンカチ代わりになる
リネンタオルを。色は
ブルーグレーで揃えて。織りによる凹凸が
吸水性をたかめています。
上右：アートワークは篠田桃紅さんの作品。
下左：リビングのグリーンは
オールドキリムの上へまとめて。
下右：デュベカバー、シーツ、ピロケースなど、
リトアニア産の上質なリネン（亜麻）100%。
薄すぎず、また重すぎないように、
糸の太さにこだわった
「リネン&デコール」のオリジナルです。
ラベンダー色のリネンのスローは、
夏の肌掛けにも心地よい。

光と大好きな色で
カームダウンを

左：ダイニングは藍色のリネンのドレープ。
日中は自然光で軽やかに、夜はしっとりと、
いずれも心を和ませてくれます。
右：部屋の片隅には読書や考えごとをする
居場所を。アイリーン・グレイのミニテーブルに
置いたスタンドとミニグリーン、
染色工芸作家 柚木《ゆのき》沙《さ》弥《み》郎《ろう》氏のアートワーク。

アトリエにも
気分をかえる
仕掛けを
とり入れています

左：思いがけないミラー越しの
景色は、気分転換だけでなく
新しい視点を得るきっかけにも。
右：ソファの居心地を左右する
クッション＆スロー。
リネン（亜麻）の表情は多彩で、
年間を通しての相棒です。

菊川博子さんの

金曜日 AM0時

寝室と洗面所が心地よいと一日をきちんと終えることができます

上：気持ちをほぐすような灯りと、さらりとした肌ざわりのリネン。ベッド周りをここまでととのえれば、質のよい眠りは約束されたようなもの。スタンドは「ルミナベッラ」。
下：バスタイムのあと、このリネンの肌ざわりは一日頑張った自分へのごほうびです。ほどよいボリューム感と軽さ、そしてシャリッとした肌ざわりも魅力。吸水性は抜群で、乾きも早く、たたんだときに収納に場所をとらないのも嬉しい。

心地よい手ざわり、足ざわり、香りが私の背中を押してくれる

浜島直子さんの

金曜日 AM8時

雑誌やテレビ、またエッセイやコラボ商品プロデュースなど幅広く活躍するモデルの浜島直子さん。ご主人、長男、愛犬ピピと都心のマンションにお住まい。木のオブジェのようなコートハンガーには、デイリーに使う帽子や愛犬のリードを。『暮らしのレシピ』（TBSテレビ）のナビゲーターは16年目を迎えた。Instagram @hamaji_0912

オンとオフを切り替える気持ちの境界線にもなる玄関をどう設えていますか。

いつも自然体で、おおらかな笑顔が魅力のモデルの浜島直子さん。ご家族と暮らすお宅へ伺うと、玄関のたたきで靴を脱いだとたん、なんとも気持ちのよい足ざわり……聞けば玄関から廊下、居室まで、フローリングの床をウール×サイザル麻のカーペットに張り替えるのが念願だったそうです。「ほどよく柔らかでサラリとしたこの感触だけでも‘ただいま’と気持ちがほぐれていきます」。

シューズクローゼットも素材にこだわり、扉を手ざわりの優しいウォールナットの木目材に交換しました。そして壁づけのミラーは、身支度をととのえるだけではなく、仕事への気合いを入れたり、また帰宅後に笑顔を写してリラックスのきっかけにしてみたりと、「心の鏡」にもなっているそうです。

季節の果実の香り、
友人の作品……
身近なものに
幸せを感じながら

上左:リビングのキャビネットに
いただきものの文旦を。
今年もこの季節がきた、という気づきになり
その爽やかな香りに癒されます。
モノトーンの版画は平澤まりこさん、
ワイヤーアートは小林千鶴さんの作品。
壁は調湿効果のある漆喰仕上げ。
上右:愛犬が滑りにくいのもカーペットの
メリット。水分を弾くウールの特性で
汚れもつきにくい。ベルギーのタジベル社のもの。
ピピは殺処分寸前の保護犬でしたが、
浜島さんと出会い、時間を重ねて大切な家族に。
下左:外出前に気合いを入れる玄関ミラー。
下右:ウォールナットの玄関収納。
よい素材は、場の空気を清々しくしてくれます。

キッチンカウンターにつくったミニ書斎。
家族の気配を感じながら
エッセイを書くのもこの場所です

浜島直子さんの

金曜日 PM3時

キッチンカウンター横の壁面にはカスタムメイドの本棚が。
パソコンからひととき目をはなしてピピと会話。
ひとりの時間に入りやすく、それでいて
家族への目配りもしやすいこの場所が好き。デザイン施工：FILE

角度を変えてキッチン内から。
手前の引出しのある側が
キッチンです。
カウンターは特殊塗料で
きりりとした気分になる
ブラックに塗装しました。

自分の“好き”を見つめていると
自然に心がととのいます

手持ちの本のサイズにあわせて設計した書棚。
さまざまな暮らしにふれ、人の手がつくる工芸を愛する
浜島さん。書棚の一角には
自分の“好き”を見つめる場所も設けています。

ダイニングセットは置かずに、
高めのセンターテーブルを置いたリビング。
こちらが食卓も兼ねています。
「ミナ・ペルホネン」の生地を張ったスツール、
「コーラル＆タスク」（P.66）のクッションが
楽しいアクセント。中米で見つけた
コースターなど旅の思い出のかけらも。

草花の水は透明なうちに毎日かえる。まっさらな水の清々しさで、気持ちが澄んでいく大切な時間です

さとうゆみこさんの

水曜日
AM9時30分

フラワー＆グリーンスタイリストで「green & knot」を主宰するさとうさん。夫とお子さん2人の4人家族。築40年以上のマンションをリフォームしたご自宅で、定期的にレッスンも。
https://malus.exblog.jp/
左：クリスマスローズやリューココリーネ、山吹などを合わせて。

　家族を送りだしたあと、部屋に活けた草花の水をかえるのが、さとうさんの日々のルーティン。たとえきれいでも昨日までの水は捨て、まっさらの新しい一日にふさわしい水を注いで、根元をカットした草花を一本ずつ挿し戻していきます。「暮らしのなかの花なので、端正なアレンジをめざさなくても、きれいな水で草花が生き生きとしていることが大切」と、さとうさん。草花を手にして、小さな新芽や蕾、咲きほこる花から枯れてゆくさままで、その営みに向きあうことで得る気づきは、心をつよく豊かにしてくれるのでしょう。

　また生徒さんからは、水を替えるとその周りから部屋を片づけはじめるという声も多く、部屋をととのえる第一歩にもなるようです。

　そして帰宅時にも、その清々しさが迎えてくれる、帰りたくなる家のためにも欠かせない習慣です。

瑞々しい植物にふれると
すこしの不調は
すっと消えていきます

窓辺のリプサリスやホヤの
ハンギング、そして棚の小さな鉢植えなど、
いたるところに植物のあるさとう邸。
「手入れをしていると、少しの頭痛くらい
なら治ってしまいます」。

切り花は庭でとれた草花をまじえて。
植物を通して今に向きあう
マインドフルネスのようなひととき。
ガラス花器の中の
透明な水面は、
春夏秋冬の季節ごとの日差しや、
夜の灯りを通しても美しいものです。

家族とのお茶や食事の時間にも、小さな花を欠かさずに。お子さんたちは、季節ごとに草花をひとつずつ覚えていったそうです。食卓での会話も弾みます。

左：ダイニングの本棚。
花器でなくても、空いた瓶などの
雑器をつかうのも日常の愉しみ。
右：マンションの1F、LDの先には
小さくてもまるで楽園のような
庭が広がります。

春になるとふんわりとした花穂から、
無数の小さな花を咲かせるシロバナマンサク。
自然の息吹そのものの"枝物"は
長く楽しめることも魅力です。

花やグリーンは
インテリアの「小道具」では
ありません

「私たちは植物に支えられて生きている」とさとうさん。
食べものも、家具や住まいも、衣服も、
すべては植物からはじまっている。
小道具ではなく、生命あるものとして慈しむ。
"緑の手"（植物を上手に育てる人）は
こうしたハートに宿るものなのでしょう。

ウォールナットの木肌と真鍮の振り子がアートピースのよう。スペイン発のブランド「ノモン」。
「ノモン スウィング」φ34cm 振り子全長60cm
¥120,000／ザ・コンランショップ

さとう邸のリビング。質がよく、主張しすぎないデザインを選びたい。

TIP

I

気持ちを区切る
時計とミラー

時間とそのボリュームをつかんだり、
自分のコンディションを測ったり。
「今」を直感的に教えてくれる部屋の時計とミラー。
一日何度も目にするからこそ上質なものを。

デンマークを代表するデザイナー ヘニング・コッペルの「コッペル ウォールクロック（ステンレススティール ホワイトダイヤル22cm）」
¥25,000／スキャンデックス

船舶用の高品質な気圧計などを
生産する計測器メーカー「バリゴ」。
スタンド、壁掛け両用。
右：「時計 BG601-5」¥15,500
左：「温湿気圧計 BG101-5」
¥21,000 ともにφ10.4cm
／リビング・モティーフ

家具の彫刻家ともいわれるフィン・ユールのデザイン。上質なミャンマー産チーク材を使用。木目はそれぞれ異なるため世界でひとつのだけの風合いが楽しめます。φ34.5cm
¥120,000／アイ・ネクストジーイー

真鍮のワイヤーのみで支えるフレームレス。コペンハーゲンで2人の建築家と1人の家具職人で活動している若いブランド「MOEBE」。
「Wall Mirror」φ30㎝¥15,000／リビング・モティーフ

イタリアの真のクラフトマンシップが光る「チェコッティ・コレツィオーニ」のエレガントなミラー。
「フェイスミラー」W35×H46㎝
¥210,000／カッシーナ・イクスシー青山本店

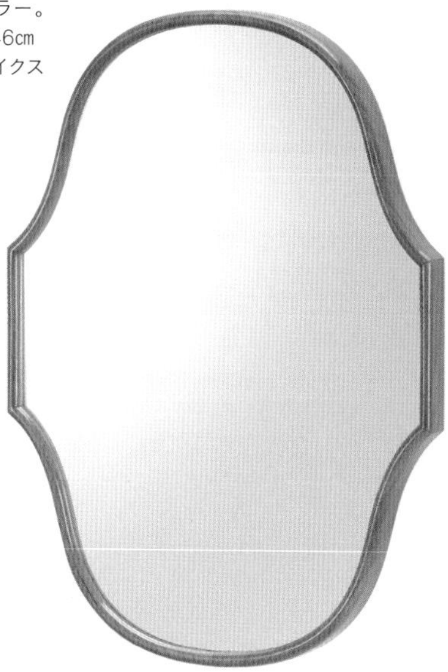

竹の集成材をフレームにしたナチュラルな風合い。自生の竹林が多い岡山発のブランド「テオリ」。
ブラックとホワイトの2色。
φ26㎝ ¥10,000
φ40㎝ ¥12,000
φ58㎝ ¥24,000／CIBONE

贅沢なレザーづかい。デンマークブランド「GUBI」。レザーはブラウン、ブラック。
「ADNET MIRROR」φ58×全長116㎝
¥160,000／CIBONE

思いがけない景色が映りこむから気分転換にも一役買います。

CHAPTER 3

海外インテリア実例

海外女性クリエイターの

家の愛し方・ととのえ方

今まで海外へもインテリアの取材へ出向きましたが、
日本との大きな違いは、彼女たちが
自分の内面の発露として
インテリアを饒舌に語ってくれること。

自分はどういうライフワークをもち、
なにを大切にして暮らしているのか。
ファミリーにはどんな歴史があり、
そして部屋に置いた品々が、
自身やパートナー、子供たちに
どういう意味や価値をもち、
心にどんな作用を与えているのか。
楽しげに、情熱をもって、
住まいへの哲学ともいえる思いを
話してくれることに感動さえ覚えます。

コペンハーゲン、パリ、NYなどの
8人のクリエイターの家は、
一朝一夕でできるインテリアではありません。
けれど小さなヒントも見つけてきました。
旅する気分も楽しんで、ご覧になって下さい。

COPENHAGEN

シンプルな空間に つくり手の優しさが伝わる ハンドメイドのファブリック

CAMILLA GULLITS

カミラ・グリツ

シンプルな造りつけのソファを
居心地よくしているのは、
カシミアやコットンの手触りのよいクッション。
ニッチにはギターやキャンドルなど
心を潤すような品を。

PROFILE

2012年、ネパール産の最上級のカシミア、
オーガニックコットン、シルクなどを使った
ライフスタイルブランド「CARE BY ME」(P.47)を
パートナーと立ち上げる。
ネパールへの社会貢献を含めた活動は
世界的にも大きな注目を集めている。
現在は夫と愛犬と暮らす。

カシミアを中心としたライフスタイルブランド「CARE BY ME」のディレクター カミラが暮らすのは、コペンハーゲン郊外、湖畔にある夢のような一軒家です。18年間の賑やかな子育ての時代を経て3人の子供が巣立った家に、大人の温かさを添えているのが極上の素材のファブリック。「家族は皆元気に過ごしていて、自分のラッキーな人生に心から感謝しています。そのお返しに発展途上国の女性たちのために何かできないかと、ネパールの女性たちとのモノづくりを、この家の一室から始めました」。

現地の極上カシミアなど自然素材をつかったクッションやベッドカバーやスロー……どれもふれれば、その優しい手ざわりに安堵さえ覚えます。女性の多くは何かしらストレスを抱えている、だから家では心地よいファブリックに包まれて幸せを感じてほしい、というカミラの思いを体現したインテリアです。

自分たちのパーソナリティーを
おそれずにインテリアに

01 壁には家族の写真をピンナップ。
インテリアにも、自分がどんな人間かを
自由に表現していい、とカミラ。
02「あまり片づけすぎずに、編みかけの
セーターなど、無造作に置いておくのも
温かみがあってよいのでは」と。
03 リビングの一角、額に入れたのは
建築家のご主人が、この家を建てる時に
描いたデッサン。

03

キャビンのような趣の湖畔の家

LDからの夢のような眺め。自宅の前はプライベートレイク。デンマークの伝統的な健康法として毎日の水浴もこの湖で。春夏には緑があふれ、冬にはスケートも。ダイニングの照明は、両親から譲り受けたもの。

01 寝室の居心地を決めるベッドリネン、
シンプルな空間が素材の良さを
より際立たせています。
自然素材の控えめな色合いも魅力。
02 ご主人のこだわりで、ベッドヘッド
部分は頭上と左右がガラス窓の空間に
1m突き出すように設計され、
横になると星空や月灯り
緑やその先にある湖まで眺められる。
満月の夜は、少し眩しいほどだそう。

カシミア、オーガニックコットン
自然の手ざわりこそが贅沢

01

この家の一部屋から
新しいキャリアがはじまった

03 愛犬はオールド・イングリッシュ・シープドッグのカーラ。「飾らない自分で過ごせるのは自然豊かな家の力かも」。コペンハーゲン中心部から車で約40分でこの環境は羨ましい。
04 こちらがヘッドオフィス。今は人の輪が大きく広がり、今後オフィスを別に構える予定ですが、この部屋でプロジェクトの小さな芽を大きく育んできました。

COPENHAGEN

灯りの島を点在させた ヒュッゲな空間づくり

MONIQUE FABER

モニク・フェーバー

PROFILE

デンマークの照明ブランド
「ルイスポールセン」の開発責任者。
CMディレクターの夫、
長男、長女の4人家族。
コペンハーゲン近郊にある、
1896年に建てられた一軒家を
リフォームして暮らしている。

一歩足を踏み入れただけで、
その世界に引き込まれるモニクの
リビング。グレーを基調にしながら
灯りとグリーンが瑞々しさを。
葉形や葉色が美しい、
育てやすいグリーンを
一種植えで随所に置くのも
とり入れたいアイデアです。

出窓には小さなスタンドを。
照明をグリーンと一緒に置くのも
こだわりです。
アルネ・ヤコブセンの名作「スワンチェア」は、
やはり多くの家で愛されています。

人に寄り添うような小さな灯りで心地よい居場所を

灯りとは、これほど優しいものか……デンマークを代表する照明ブランドのディレクターモニクのリビングに迎えられ、最初に感じたことです。優美なペンダントライト、そしていくつもの小さな灯り、そのどれもが眩しさのない柔らかな灯りゆえ、日中には自然光と融和し、日が暮れれば人の居場所を包み込むように照らしていきます。「部屋の中心だけではなく、いくつもの‘灯りの島’をつくるイメージです。部屋の隅にフロアランプを置けば広がりが生まれてバランスがととのいますし、また読書灯や手元を照らす小さな灯りは、その場の居心地をよりよいものにしてくれます」。モニクにとって灯りとは、と問うと“生命力に繋がる大切なもの”と答えてくれました。灯りは人を癒し、励ます力のあることに改めて気づかされます。

「ここがリビングで一番落ち着く場所です」。
デスクに置いたテーブルランプは
「VL38 テーブル」。
デスクは義父から受け継いだもの。

寝室のベンチの横にも
小さな灯り「AJテーブル」を。
日中でも柔らかな光のアクセントがあることに、
心が和みます。壁は柔らかなトーンのグレー。
光がきれいに回り、アートを引き立てます。

01 デンマークの国民的照明
ともいえる「PHランプ」。
100%グレア・フリー。
日照時間の短いこの地では
自然光に近い灯りが
愛されています。
02 ソファサイドには
半球形のシェードが
柔らかな拡散光を周囲に
ひろげる「パンテラ フロア」。
03 テーブルの上の
お気に入りの品々に
光をあてる演出も素敵。

01

02

03

家族が集うダイニングには、
アートピースとしても美しい名作照明
「PH アーティチョーク」を。
外光やインテリアとのバランスを考えて、
少し低い位置にセットしています。
また、コーナーのさりげない
サブの灯りで空間に
広がりが生まれることが見てとれます。

集う場所、見せる場所に大小の
美しい灯りの島を

01

02

03

01 大切にしているポットや
キッチン小物を
浮かび上がらせるように、
02 キッチンカウンターにもスタンドを。
シェードが上下に75度動き、
光が欲しい場所を照らします。
03 リビングのコーナー。
暖炉の上のオブジェに
ポータブルランプで灯りを添えた、
絵画的なコーナーづくりは
お手本にしたい。

TIP

2

ベッドリネンは「上質でカジュアル」

亜麻やカシミアなど、上質な素材で色柄はシンプルに、が最近の潮流。癒される肌ざわりと、洗練された表情の4ブランド。大人の女性オーナーが多いことにもうなずけます。

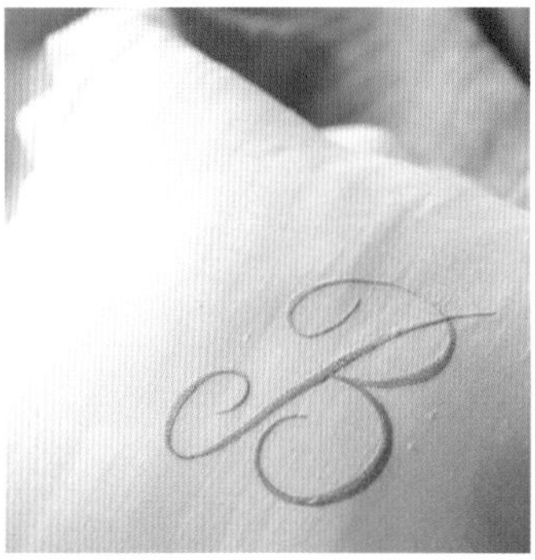

LINEN & DECOR

「上質なリネンを多くの方の日常に」と、インテリアに長く携わる菊川博子さんが立ち上げたブランド。主な素材はリトアニアの亜麻。生地からではなく糸から選び、織り方の指定をしてつくったオリジナル品。洗濯機で手軽に洗え、使ううちにこなれた風合いに。愛着がわくイニシャルの刺繍も人気。ピロケース¥7,700～ ボックスシーツ¥17,600～ デュベカバー ¥36,300～ 亜麻のタオル、クロス、エプロン、バッグなど小物も充実。／リネン&デコール
https://www.linenanddecor.net／
TEL：03-5790-9685

SOCIETY

イタリアの名門テキスタイルメーカー・リモンタ社が手掛ける「ソサエティ」。『自らを装うようにインテリアを装う』をコンセプトに、ベーシックカラーに加えて、シーズンごとに新作カラーを発表。麻素材のピロケース¥11,000～ ボックスシーツ¥70,000～ デュベカバー ¥36,000～ すべてソサエティ／カッシーナ・イクスシー 青山本店　東京都港区南青山2-12-14 ユニマット青山ビル1、2、3F
https://www.cassina.ixc.jp
TEL：03-5474-9001

CARE BY ME

デンマーク発のライフスタイルブランド。ネパールの最高級のカシミアなどを使い、現地の女性たちと家族的な関係を築いて、ものづくりを続けている。ルームウエアも人気。上：カシミア×オーガニックコットンのスロー「Vigga Throw」(130×180㎝)¥53,000 右：オーガニックコットンの「North Cable Throw」¥32,000「North Cable Cushion」各¥20,000すべてケア バイミー／グレーデ
https://glaede.jp　TEL:03-6861-4515

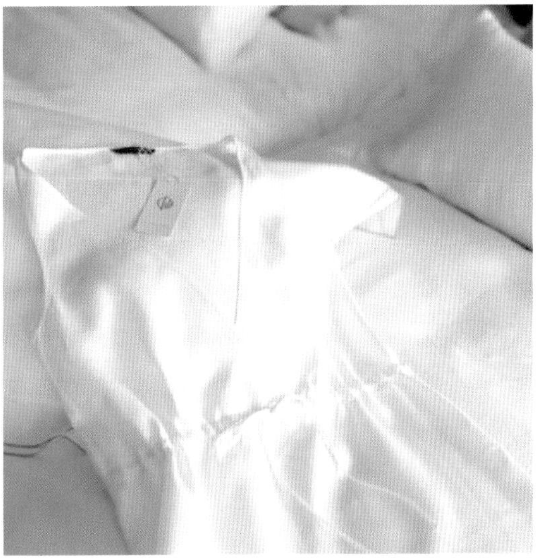

GRAND FOND BLANC

プレミアムを日常に、とイタリアの最高級ランクの亜麻でオーダーメイドでつくるベッドリネン。外資系ホテルのスイートルームへの納品実績も。上質な羽毛をふんだんにつかった極上ピローも人気です。ピロケース¥14,000～ フラットシーツ ¥70,000～ デュベカバー¥85,000～ Vネックワンピース¥52,000 すべてグラン フォンブラン／アトモスフェール・ジャポン
https://www.grandfondblanc.com
TEL:03-6804-1107（来店は予約制）

PARIS

家の中に「個人の空間」をもつことで、家族との時間も潤っていきます

MARIE UZEEL

マリー・ユズィール

わずかなスペースながら、
家族が集う1階のリビングそして窓から
セーヌ河を見渡せる特等席。
「自分だけの空間にいながら、
生活とも繋がっている気分でいられる。
オープンスペースならではの良さですね」。

PROFILE

インテリアデコレーター。
ご主人、2人のお子さんとパリ近郊の
モダン(築浅)なアパルトマンに暮らす。
まだ子供に手がかかるので、仕事との
両立を目指し、動きやすい家をと
自身のプランでリフォームを。
いつか家族4人で日本を訪ねるのも夢。

「オープンキッチンにしたのは、
リビングに抜ける景色をさえぎらず
楽しみたかったから。このカウンターで
リビングを眺めながらの軽食も
とても気分がいいですよ」。
カウンターをキッチンの
外側ではなく内側に設けることで
リビングダイニングは
大人の雰囲気を保てることも魅力です。
カウンター下にはワインもストック。

仕事に子育てにと、マリーの日常は忙しい。アパルトマンを訪ねた日も、取材の傍ら、家族のサポートやクライアントからの連絡を受けるなどフル回転です。そんな彼女を支えているのが、リフォームで設けたふたつのスモールスペース。2階への階段を上ると、そこにはマリー専用の仕事コーナーが。奥行きは廊下の幅に満たない85㎝、かつて収納につかわれていた場所を見過ごさずに特等席にかえました。

そしてもうひとつは1階のキッチン内に設けたカウンター。慌ただしい日は大人も子供もサッと食事がとれて、LD側から見えない気安さも嬉しい場所です。このふたつの場所があることで、マリー個人と家族、慌ただしさとリラックスにほどよく線引きができ、日常が心地よく流れていくそうです。

01 2階のご夫婦の寝室。
スモーキーピンクの壁が、ふんわり
優しい気持ちにしてくれます。
ベッドサイドの小さな灯りにも癒されます。
左奥、華やかな壁紙を貼った場所が
マリーのワークスペース。
02 壁には小さな窓のような
抜け感をつくるミラーを。
03 窓辺に置いたイームズの
ロッキングチェアでひとときし思索を。
04「どうぞ好きに撮影して」と迎えてくれたマリー。
家という日常をオープンにすることへの
躊躇のなさは、自分の日常への
誇りのように感じられます。

大きな「リビングディバーニ」のソファは
家族みんなで映画を楽しむための場所。
「私たちのライフスタイルに
応えてくれる家具を
ひとつひとつ選びました」。家族それぞれに
お気に入りのチェアもあるそうです。
子供にも幼いうちから
よいものを大切にしながら暮らす習慣を。

家族で分かち合う時間のために
ひとつひとつ選んだ品々です

PARIS

家の中に、オンとオフを切り替える スイッチのような場所をもつ

FLORENCE ELKOUBY

フロランス・エルクビー

01

50歳という節目にその後の住まいを考える女性は少なくありません。フロランスもその一人です。子育てが一段落し、一抹の淋しさを感じながらも、さあ次のステージへと。郊外の一軒家から徒歩でパリの楽しみを満喫できる中心地へ引っ越しました。長く手を入れていなかったアパルトマンを、自身のセンスでオープンな間取りに全面リフォーム。どの部屋にも光がまわり、居心地がよさそうなコーナーも多く見られますが、彼女が「ここが特等席」というのは意外にもキッチンの一角にあるカウンタースペース。「仕事に行く前に軽い朝食をとるのも、帰宅後にホッと一息つくのもここ」と、オンとオフを切り替えるスイッチも担う大切な居場所のようです。「年齢を重ねてもノスタルジーのなかで生きずに、これからの人生を楽しみたい」という、彼女の軽やかなフットワークを後押ししているように思えます。

02

01 リフォームで大切にしたのは
サーキュレーション（動線、循環）。
LD、その奥の寝室、バスルーム、そしてキッチンへと
グルリと回遊できるストレスフリーの動線。
カウンターは家全体の中心にある、
おへそのような存在です。
02 ときにはここで仲のよい友人とお喋り。
スツールはデンマークブランド「GUBI」。
壁には彼女のミューズであるケイト・モスの
オリジナルプリントを。

PROFILE

子育て中の30代半ばで
高級コスメ専門の広告代理店を設立。
2017年、自宅のリフォームプランを手掛けた後に
デザインスタジオ「L'Appartement Parisien」を
立ち上げる。2人の娘さんは独立し、
今はご主人と15歳の息子さんとの3人暮らし。
Instagram @lappartementparisien

寝室からバスルームまで連なる動線
光の入る癒しの空間です

01

02

03

01 ヘッドボードがわりのアクセントは、
インパクトのある壁紙。
この非日常感も、
気分を切り替えるスイッチでしょう。
リラックスできるようにベッドリネンは贅沢に。
脚もとのベンチには、ここで手にとりたい
美しい写真集などを並べて。
02 ベッドの両サイドには、
シンプルな造作家具の収納を。
03 寝室とバスルームの間にあるクローゼット。
身支度が一続きでできる理想的な動線です。

04

04 05「朝起きて最初に向かい
自分のケアをするパウダールームは、
美しさのあふれる場所にしたい」。
床のタイルは個性的ながら
エレガントな印象。
06 バスタブの壁にはアートを、
また自然を感じ、平和な気持ちになる
ビッグプランツも。
朝はたっぷりの自然光で爽やかに、
夜は柔らかな間接照明のなかで
バスタイムを過ごせば、
心身ともにほぐれていきそうです。

05

06

02

03

01 02 03 淡い色合いとクスッと
笑えるキュートな小物が彼女の
持ち味。洗練されたスタイルのなかに、
少女の顔が垣間見られます。
ピンクとターコイズのテーブルも「GUBI」。
「kawaiiものが大好きで、
友人からは日本は絶対にハマるはず
と言われ、いつか訪ねる日を
楽しみにしています」。

04 トレイにアルコールランプを並べるのも素敵なアイデア。
そのときの気持ちにあった
雰囲気づくりをするために、すべての照明器具に
照度調整のコントローラーをつけています。
05 リビングの奥にある寝室。ベッドは見せずに
可愛いチェアとアートがアイキャッチの巧みなレイアウト。

04

05

優しいカラーとキュートな小物で
多忙な日々のオアシスになる部屋づくり

同じトーンのピンク、イエロー、
グリーンを重ねたカラースキーム。
「色もオブジェもあまり印象の
つよいものはつかいません」。
多忙を極める仕事から帰るごとに
「おかえりなさい」と迎えてくれるような、
優しい波動にホッとするそうです。

スタンドやミラーなどの小物類も
充実しています。

GUBI
グビ

伝統の輪郭を残し
モダンにアレンジした家具

1967年小さな家具店からスタートした「GUBI」。2001年の代替わり後は、クラシカルなデザインの復刻に加え、新進気鋭のデザイナーを起用したモダンなデザインも発表し、新旧をミックスしたテイストが持ち味になっている。
Møntergade 19, 1140 Copenhagen
http://www.gubi.com

TIP
3
コペンハーゲンで
話題の
インテリアショップ

パリ・フロランスの
お宅もデンマークブランドを愛用。
名作を扱うショップのほか、
今話題のブランドを訪ねました。

約400㎡の店内には、ダイニング、リビングなどをコーディネートしている。上：フロランスのリビング（P.57）でも使われていたタイプのテーブル。天板は大理石。全体的に華奢な脚元の軽やかなデザイン。左：デンマークのクラシカルなデザインの輪郭を残し、モダンにアレンジした「MASCULO LOUNGE CHAIR」。日本では、家具・小物の一部を「CIBONE」で取扱い中。

STILLEBEN
スティルレーベン

デンマークメイドの
キュートな品々が揃います

2人のデンマーク人女性デザイナーが2002年にスタート。彼女たちの視点で、デンマークメイドを主としたオリジナルアイテムを揃えています。日本でも手に入るプリントコレクションをはじめ、器、テキスタイル、ウエアなどを扱う。
Frederiksborggade 22, 1360 Copenhagen
https://stilleben.dk/

上：デンマーク ボーンホルム島で作られているテーブルウエア。北欧らしい優しい色合い。これだけのバリエーションから選べるのも嬉しい。
左上：ショップは、イートインもあるオシャレな屋内マーケット「トーヴヘーラネ」の前。
左：プリントコレクションは国内では「アクタス」などの店舗、ウェブストアで購入可能。

右：大理石を多用した美しいカフェスペース。植物や灯りがモダンな空間に温かみを。オープンサンドやサラダなど、オーガニック食材を使ったランチも人気。
下2点：オブジェとしても美しい、スモーキーな色あいのフラワーベース。1本の花、1本の枝をシンプルに活けてみたい。

LOUISE ROE GALLERY
ルイーズ・ロー・ギャラリー

オーラのある花器など
真の洗練を感じるショップ

インテリアデザイナーのルイーズが2018年にオープンしたコンセプトストア。籐のモダンなチェア、花器、器、ラグなど洗練されたラインナップ。「ファッション、インテリア、食のすべてがライフスタイル」と店内にはカフェも。
Vognmagergade 9, 1120 Copenhagen
https://louiseroe.dk

NEW YORK

「幸せ」があふれだす カラフルインテリア。気持ちの変化に正直に、少しずつ編集を

LIVIA CETTI
リヴィア・チェティ

01 マンハッタンの中心部から約1時間、
ブロンクス北西にある築100年の
一軒家を2年かけてリフォームしました。
ここから外を眺めるのが大好き、
というサンルーム。カウチを置くには
狭かったのでベンチシートに。
子供たちにも人気の場所。
クッションはエスニックとモダンが
絶妙なバランス。
02 手にしているのは自身のブランド
「LIVIA CETTI」のペーパーフラワー。
国内では「H.P.DECO」で取り扱っています。

PROFILE

ペーパーフラワー・アーティスト／
スタイリスト。
父は陶芸家、母はアンティーク・ディーラー。
自身はマーサ・スチュワート
のもとでスタイリスト、エディターを
務めた後に独立。
12歳と13歳の息子、猫2匹と暮らす。

02

さまざまな色柄や品々のとりあわせで、ハッピーなオーラに満ちたリヴィアの家。クローゼットの片隅など、小さなスペースにまで日々を楽しむ気持ちがあふれています。部屋づくりのセオリーは「これが私の好きな色、好きな雰囲気と決めつけない」ということ。クッションひとつを選ぶにも、大切にしているのは「YES！」という感覚。予定調和的なもの選びでなく、ハートが肯定するものをまずとり入れて、置き方や組み合わせなどは、そのあと工夫すればよいという考え。そして、月に一度は家中をチェックして、今の自分を幸せにしてくれるものだけを残していくことを続けているそうです。どの場所も凝り固まらずに、住み手と一緒にかわり続けていく。瑞々しい部屋づくりの秘訣のように思えます。

01

身支度の場所こそ「好き」を集めて
夢がいっぱいのインテリアに

02

03

01 02 寝室やクローゼットの一角に
アクセサリーや香水を。
一枚の絵のように色のバランスをととのえます。
自作のペーパーフラワーで華やぎを添えて。
「生花は部屋を生き生きとさせ
私たちをハッピーにしますが、
紙の花でもきっと同じことが起こせる、
という思いで制作をしています」。
03 収納はシャツ用、ワンピース用と
計画をしてデザイン。「ものが整理整頓
されている状態が好きですね」。

そこにいるだけで気分が上がりそうな
クローゼット。キュートな魚の
照明は以前マンハッタンにあった
「ザ・コンランショップ」で見つけ
11年ほど愛用しています。
ラグは「イケア」。パキッとした
色合いが空間を華やかにしています。

色のエネルギーがあふれるリビング。
クッションなどの小物で、
エスニック風のスパイスを効かせるのも
リヴィア流です。
ソファはイタリアのデザイナー物。
ブルーのラグとクッションは
マンハッタンのインテリアショップ
「ABCカーペット＆ホーム」で。

01

色無地×密度のあるエスニック
色柄があるほうがむしろ落ち着くし、
元気になれるという発見

02

03

01 大きな面積は色無地で、アクセントに
多色づかいのエスニックパターンを合わせる。
布をピンナップしてヘッドボードがわりに。
ピローは多めに置いて背もたれがわりに。
サイドテーブルに見立てたのは
日本の古い木箱。
02 チェア×アートで、気分転換になる
コーナーづくりを。
ポットの花もリヴィアの作品。
03 ダイニングチェアは「フリッツ・
ハンセン」のセブンチェア。
カラーはブルー×レッドと、
補色同士を鮮やかに取り合わせて。

WYOMING

“HOME”と呼べる場所を求めて 夫妻でNYから 大自然のなかのワイオミングへ

Stephanie Housley

ステファニー・ハウズリー

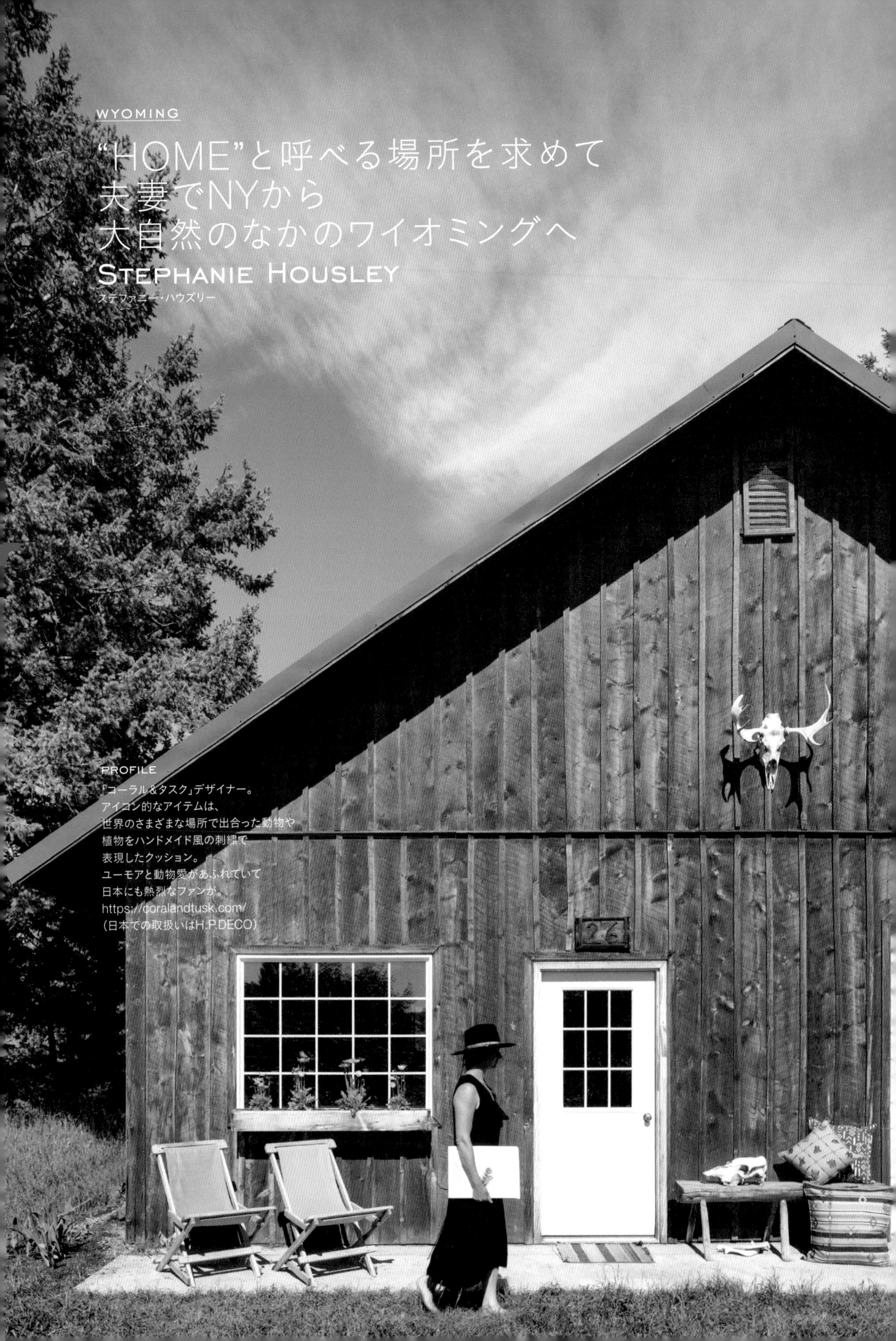

PROFILE

「コーラル＆タスク」デザイナー。
アイコン的なアイテムは、
世界のさまざまな場所で出合った動物や
植物をハンドメイド風の刺繍で
表現したクッション。
ユーモアと動物愛があふれていて
日本にも熱烈なファンが。
https://coralandtusk.com/
（日本での取扱いはH.P.DECO）

01 NY暮らしが20年になる頃、
「今後もここが私たちの
HOMEなのか……」と
夫婦ともに違和感をおぼえ、
導かれるようにこの地へ。
20エーカーの敷地に建つ、
築32年の一軒家。
テラスにデッキチェアや
スモールテーブルを持ち出し、
風を感じながらお茶を飲んだり
するのも日々の愉しみ。
02 食事用の椅子は、
木の優しい手ざわりで
幸せな気持ちになる「Yチェア」。

03 山小屋風の寝室。
寒い時期が長いので、
ベッドで心地よく過ごせるよう
リネンにはこだわります。
しっかりしたリネンに
刺繍をしたカバー類は
「コーラル＆タスク」。
04 ナプキンは紙ではなくリネン。
新しいことのみに価値を
見いださず、長く使うことで
味わいのでるもの。
環境への思いも込めた
モノ選びです。

手にとると、その愛らしさに瞬く間に癒される。動物や自然のモチーフを刺繍したクッションが人気の「コーラル＆タスク」。その作り手はどんな暮らしぶりなのでしょう。約20年間夫妻で過ごしたニューヨークを離れ、ワイオミングの大自然に抱かれた一軒家へ。雄大な山々、大きな青空と宇宙を感じる星空、風の音や木々の匂い、そして動物たちとの触れ合い。完璧な調和のある世界です。「この地のすべてが愛おしいので、身のまわりには多くのものではなく、少しの大好きなものを置いて暮らしています」（ステファニー）。ベッドサイドに小さなブーケのように飾ったのは、かつて母が彼女のために集めてくれた鳥の羽根。“センチメンタル・バリュー”という言葉がありますが、目にするたびに大切な人を思い、豊かな気持ちになれる宝物。自然や人を敬う温かい眼差しは、この家でこそ、ますます磨かれていくようです。

01

大自然からの
インスピレーションは
暮らしも仕事も豊かにする

01 アトリエの壁には、風景や
動物などの写真などをピンナップ。
彼女にとっては、
どれにも奇跡のような美しさがあり、
そのインスピレーションに
突き動かされるように
デッサンをする手が動きます。
02 作業をするアトリエは、
誰もが親近感を感じるほど
コンパクトなスペース。
素朴な空間にファブリックが楽しさを
添えています。

02

03

04

03「生活のなかにあるものは
使っていて幸せを感じるものであるべき」
という信念をもつステファニー。
ソファには、大切な思い出でもある
羽根を刺繍したファブリックを。
目を凝らせば美しい自然の造形です。
04 窓辺の壁には、大切な品々を。
忘れかけた記憶や想像力をかき立て、
彼女に語りかけてくれる価値ある品々です。

動物愛に溢れるクッション、キャンプに

フォールディング家具に加え、
沢山のクッションやスローも車に積んで、
よりリラックスできる場所づくりを。

屋外に置きっぱなしができるラグや布張りのチェア

ベランダでグランピング気分が楽しめる。ラグ、マットレス 各¥150,000 ロールクッション¥61,000 クッション¥79,000　スペインのアウトドアブランド「GAN」。／すべてニチエス

TIP

4

風と光を楽しむアイテム

今回の取材では、新たな居場所として
屋外や半屋外の魅力を再発見。
優しいファブリックや、テラス家具で、
新しい癒しを体験しませんか。

コペンハーゲンのカフェ。寒くてもファーに包まれて、外での時間を楽しみます。

水分を素早く蒸発させるハイドロドレーニングクッションを使ったチェアやソファなど、ラグジュアリーなアウトドア家具が多く発表されています。
上:「パイパー コンフォートチェア」
¥133,000〜
下: 贅沢な「レイズ ロッキングチェア」
¥516,000〜 ともにイタリア「RODA」社、カラーバリエーションあり／アルフレックス ジャパン

オーダークッションで出窓スペースをオアシスに

最近マンションでも見かける腰窓周辺のスペース。好みのファブリックでジャストサイズのシートクッションをオーダーすれば、外の空気を感じる特等席に。参考上代W90×D40㎝ ¥80,000〜 サイズ・ファブリックにより都度見積り／チェルシーインターナショナル

PARIS

ディテールが人生をかえていく
新しいものに出合うために
「収納のひとつを空けておく」

ANNE-FLORE CHAPELLIER

アンヌ＝フロール・シャプリエ

03 譲り受けた器も大切にしながら
キッチンにも中を空にした引出しを。
04 アンヌ＝フロールの
身長に合わせて「イケア」で
カスタマイズしたキッチン。
ダイニングの収納へ
連なるデザインで部屋をすっきりと。
真鍮の取っ手はほかで探して
アクセントに。
05 寝室に置いた本棚。「新しい本を
探しに行こう」という気持ちで
アクションをおこさせる余白です。

01

PROFILE

「My Little Paris」エグゼクティブマネージャー。12年前に女性5人のチームでパリのライフスタイル情報をメルマガで発信。今は130人のスタッフ、500万人の読者を抱え、生活を彩るセレクト小物を毎月届ける「My Little Box」は世界中にファンをもつ。

02

01 小さな部屋ふたつを一部屋にリフォーム。ペイントで濃色だった床を明るく、また色がバラバラだったチェアを同色に。
02 探した末に出合った部屋は偶然、かつてアンヌ＝フロールの夫の叔父が暮らした場所でした。アームチェアは蚤の市で。

モンマルトルの急階段を上った先、サクレ・クール寺院のすぐそばに建つ築80年のアパルトマン。パートナーと互いに愛用していた家具をもちより、DIYで手をかけ育てているお宅です。家への思いを語ってもらうなかで心に残ったのは「ディテールの強みを信じている」という言葉。クッションカバーを好きなものに替えて、きちんと置いてみる。その時はさほど変化を感じなくても、そんな積み重ねが日々に大きな影響を与えるようになる。ひと言の積み重ねが、パートナーとの信頼関係を築くのと同じように……と。その象徴ともいえるのが空白の収納スペース。キッチンの引出し、寝室の書棚、クローゼットの中まで、なにも入れずに放置されている余白があるのです。フルに入れてしまえば、新しいものは入ってこない。新しい風を受け入れる、気持ちに余白をもつ大切さを、目に見えるようにしているそうです。

PARIS

デジタル化が進もうと本棚というインテリアは手放さない

ORÉLY FORESTIER
オレリー・フォレスティエ

玄関のわずかなスペースには、
白く塗ったワインの箱を重ねて本棚に。
壁に立てかけた古い椅子は
映画館で使われていたもの。
右岸の人気のエリアゆえ、コンパクトながら、
街の活気を選び決めた部屋です。

PROFILE

ファッションデザイナー／コンサルタント。
ソニア・リキエルのもとでデザイナー
としてのキャリアを磨き、
その後、元同僚と「LA FETICHE」を
立ち上げる。三島由紀夫の小説
『金閣寺』の繊細な描写に魅せられ、
いつか京都を訪ねてみたいそう。
Instagram@studio_lafetiche

01 ダイニングの本棚はデンマークの「ミュート」。スペースに合わせてボックスを組み合わせる収納。リモートワークを実践のため学校の時間割のように一日の段取りを決め、本棚の資料を相棒にして無心にデッサンを。そしてパートナーが帰宅しディナーをつくる頃には、必ずリセット、をルールにしているそう。
02「ファブリックや花を飾るのは、家に服を着せるような、いわば仕上げ」。収納ワゴンの上にも花を。
03 本棚の前のチェアにはスローなどのファブリックを。「こうして重ねておくと、レイヤードで着飾っているようで華やかでしょう」。コーナーにはチェアと色を合わせたスタンド。部屋のアクセントや読書灯にも。

「モノが多いでしょう。とりわけ本はとても大切なもので、私の人生の一部です」（オレリー）。パートナーと暮らすコンパクトなアパルトマンは、彼女の仕事場を兼ねていることも手伝い、好奇心そのままに本が積まれています。そしてデザイナーの美意識か、その収納方法はとても個性的。「紙の色の美しさを見せたい」と玄関の棚の本は背表紙を見せずに置き、ダイニングは写真集や画集を、パズルのような本棚へアーティストごとに分類して収納しています。一見無造作のようでいて、一冊一冊を見れば彼女のセンスやキャリアを垣間見られ、俯瞰すれば今までの道のりを饒舌に語っています。日々の生活と仕事に境界を設けず、まるごと愛するような暮らしぶり。デジタル化が進もうと、本棚は変わらずインテリアの名脇役です。

TIP

5

持ち運べる灯り

家のどこにいても心が安らぐ場をつくれる
充電式のLED照明。
デザインも明かりの質も進化しています。

「パンテラ ポータブル」φ16cm
¥26,000／ルイスポールセン ジャパン

白磁×レザー。スペインのポーセリンブランドがつくる柔らかな明かり。調光可能。レザーはベージュ、ブルーの2色。「アイスクリーム テーブルランプ」φ17×H26cm ¥80,000／リヤドロ ジャパン

LLADRÓ

BALMUDA

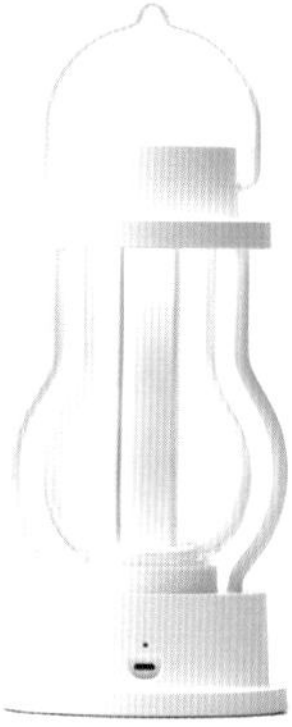

キャンドルのような揺らぐ暖色の灯りと、読書に適した温白色の灯りが楽しめる「バルミューダ」の「ザ ランタン」。フル充電(約6h)で3~50hの連続使用が。φ11×H24.8cm ¥13,800／ザ・コンランショップ

HAY

デンマーク「HAY」の「PCポータブル」。ABS樹脂で耐擦傷性、耐水性があり、屋外にも手軽に持ち運べます。調光可能。
φ14×H22cm ¥16,000／HAY TOKYO

モダンな行燈のような灯り。スペインを代表するデザイナーが1962年に発表した普遍的デザイン。調光可能。100%点灯で5hの連続点灯可能。「セスティタ・バテリア」φ21.5×H35.2cm
¥88,000／YAMAGIWA

CHAPTER 4

家の育て方

人気ブロガーの「ととのえなおし、育てる」ことが

よろこびになる家

理想の家を目指して、
小さな模様替えからリフォーム、
家事を快適にする方法など
ご自宅の様子を書き綴ったブログが人気になり、
今では数多くのフォロワーをもつひよりさん。

聞けばご自宅のリフォームは10回以上、
多くのお宅を訪ねている著者でも、
なかなか出会えない“つわもの”です。

リフォーム後の部屋は雑音なく
隅々までととのえられ、
美しく維持するための工夫など、
お聞きしたいことがいっぱい。
ブログでしか知りえないひよりさんのお宅へ伺い、
家への思いをお聞きしてきました。

願いをひとつずつ積み重ねる
「家そだて」の楽しみはこれからも続きます

カウンタートップだけを取りかえて お茶の時間のためのヒーターを

アイランドカウンターには、
調理用コンロとは別に
「エレクトロラックス」のミニIHヒーターを。
朝や日中のお茶の時間、
そして友人を招いた時にも便利です。
電源があれば設置は可能。
ケトルはフィンランドで愛されている「オパ」。
漆黒の色合いのカウンター「ウルトラサーフェス」は、
クオーツストーンとしては珍しい独特のゆず肌。
水分をこぼしても水垢が残りにくい素材。

家具のリモデルにもチャレンジ

キッチンの収納扉は10年前に一度塗り替えました。
ほかに吊り戸棚のデザイン変更、
レンジフードやオーブンの新機種への交換など、
アップデートを重ねてきました。
ダイニングテーブルは軽やかなデザインに
したいと、今年天板の周囲を削って丸みをつけ、
脚部を取り替えました。

壁面をタイルにして念願のブラケット照明を

複雑なカラーコーディネートはハードルが高いので、
白、グレー、黒の3色を基本色にしているという
ひよりさん。以前白一色の漆喰塗りだったリビングは、
やや平板な印象だったため、一面をタイル貼りに。
石の質感で部屋に上質感が。
新設した照明はルイスポールセン「AJウォール」。
壁に美しい光がまわると、
部屋の居心地は格段によくなります。
正面壁のコンセントから電源をとり、
タイル裏面に配線を回してブラケットを設置。
ドア枠の厚み内にタイルが収まれば
工事は比較的スムーズです。

20年前に住宅メーカーで家を建て10年を過ぎた頃から、新築時に諦めたこと、暮らしながら気づいたことに手を入れはじめた、というひよりさん。まずコスト面で妥協をした2階の床を素材感ある材料で張り替えてみると、場の空気は一変。「あの感動は忘れられず、それ以来いつも家のことを考えています」。キッチンのマイナーチェンジ、リビングの壁の貼り替え、オーダー家具による収納の見直しなど……願いをひとつ叶えるごとに、生活が楽しくなっていき、ノウハウもふえ、審美眼は鍛えられ、アイデアが湧きやすくなったそう。引出しの中ひとつも疎かにせずに、家の隅々まで気持ちのよい景色をつくったことで、片づけさえも楽しみになる。今日も気持ちよく、と朝1時間の掃除を欠かさずに、日々を磨き続けているそうです。

ひよりさん

2009年にブログ「ひよりごと」をはじめ、自身の暮らしのことを
コツコツと綴りはじめる。次第に反響が大きくなり、現在は企業との
コラボで商品開発も手掛ける。家族は夫と愛猫1匹。

手ざわり、足ざわり、そしてルックス。
質感にこだわることで毎日が変わる

こだわりの素材づかいができる
“オーダーユニットバス”で夢を叶える

バスルームはユニットバスか在来工法の
二択と思われがちですが、
こちらは“オーダーユニットバス”。
水仕舞いのよさはそのままに、
床壁天井の仕上げ材、バスタブ、水栓、
ガラスドアなど妥協なく選べる。
素材に愛着があれば磨くのも楽しい。
バスタブは高級ホテルの定番「カルデバイ」。
厚さ3.5㎜の耐久性のある鋼板ホーロー
ならではの艶で湯をはっても美しい。
クラシカルなデザインの水栓は「KOHLER」。
レインシャワーとフックも同社。

床の素材感に大満足
実は優秀な仕上げ材を敷いただけ

2階は合板フローリングが
やや味気なかったので、表情のある
仕上げ材でリフォーム。
もとの床の上から貼れる薄いタイプだったため、
工事はラクでしたが、その効果は大きかった。
本棚は壁を延ばして
埋込みタイプをつくりました。

ディテールにこだわって
パウダールームを
お気に入りの場所に

壁は壁紙をバスルームと同じタイル貼り
にして空間に広がりを。
壁につけた収納はスウェーデンの
シェルフシステム「ストリング シェルフ」。
サイドフレームが透明アクリルで軽やか
(W78×D20㎝)。 カウンターは
モザイクタイルから、表面硬度が高く、
色滲みの心配の少ないサイルストーンへ。
水栓は「KOHLER」(以前から愛用している
洗面ボウルも同社)。

身体をやすめ、自分をととのえる場所は
ジャストサイズに計算した造作家具で

造作家具をプラスすれば 手持ちのベッドでも ホテルライクな空間に

以前から使っていたベッド本体は生かし、
ヘッドボードとサイドテーブルを造作でオーダー。
「起床後は、まずベッドをととのえ、
乾燥機でベストな状態に。
眠るときまで心地よさをとっておきたいので、
日中ベッドに腰かけたりすることはないですね」。
壁はパルプ等を主原料とした不織布に
水性塗料を塗装した「エコフリース」。
照明の灯りで見せる表情も美しい。
通気性、透湿性の高い
環境壁紙で10回ほどの重ね塗りができます。

美しいショーケースのようなら もとに戻す手もはかどります

造作でつくったデスクの引出しには
お気に入りの眼鏡とサングラス。
それぞれのケースは処分し
「MUJI」の「アクリルメガネ・小物ケース用
ベロア内箱仕切」へ。収納小物の
サイズと素材を揃えて見栄えよく。

ニットのサイズに合わせた スライド式のオープン棚を

ニット、カットソーをたたんだサイズから
設計したオープン棚。
出し入れがしやすいように底板はスライド式に。
下部は通常の引出しにしてアンダーウエア等を
収納。ミリ単位でオーダーでき、
細かなリクエストにも応える造作家具。
ひよりさんのインテリアのメンターでもある
「FILE」のアドバイスをもとにデザインを。

ひと目で見わたせて美しい ワイドスパンの収納スペース

幅90cmほどの一般的な収納が
2つ並んでいたスペースを、ワイドスパンの
収納に変更。上段が夫、下段が妻。
選びやすく、片づけやすい。
きれいな「ジョンストンズ」のカシミアストールは
片づけのモチベーションも上げています。
扉は吊り戸にして、床をフラットにしているので、
出し入れに加えて下にレールがなく
掃除もラク。吊り戸には「クヴァドラ」の
ファブリックを貼り上質感を。

片づけの時間を楽しくするのは
すこし贅沢な名脇役たち

引出しのなかにさえも
気分のよくなる景色をつくる

引出しには、アメリカの家庭用品ブランド
「インターデザイン」のドロワーオーガナイザー。
サイズは組合せを考えた多展開なので、
パズルのように組合せて。
隙間のサイズに合わせ、ホームセンターで
木材をカットしてスペーサーに。
見た目が美しいだけでなく、
開け閉めや出し入れ時に
ずれたり、音が気になることがありません。

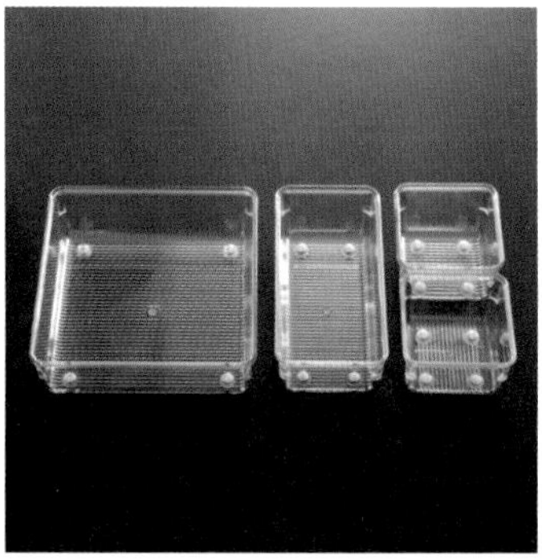

ドイツの名品「マワハンガー」
夫と色を分けてオーガナイズ

ハンガーのグレードをひとつ上げると
クローゼットが美しくなるだけでなく
これからの自分に必要な服と、
役目を終えた服を見分けることができる。
トップスはカットソーからコートまで、
衣類を立体的にきれいに見せる
「ボディフォーム」へ。ストールやウールの
パンツは「パンツシングル」へ。

さまざまなトレイで
小物の居場所をととのえます

小さなモノでも大切にして、
それぞれの居場所を用意する。
トレイにきちんとのせておくと、
景色がひとつずつととのっていきます。
乱雑ではない、きれいな景色は、
日々の癒しになっていきます。

オーストリッチの羽はたきなど
掃除の道具こそ贅沢に

柔らかいオーストリッチの羽をつかった
「レデッカー」の羽はたき。
わずかな隙間にもスッと届き、
掃除の時間もエレガントに。
ひよりさんは、埃をかきだすようにして
床に落とし、その後は
ロボット掃除機にお任せを。
バスタイム後はドイツ「ZACK」の
スクイージーで、窓ガラスや壁面を。
水キレは抜群。幅24㎝。18/10ステンレス製。

TIP

6

優雅にリモートワーク

個室がなくても、ワークスペースを
探すのなら…… コンパクトなデスク、
そして長時間でも
快適に座れて、集中できるチェアを。

家族で寛ぐリビングの一角に自然になじんだモニク(P.40)のワークデスク。

ラップトップやタブレットにぴったりな奥行きスリムなデスクに注目

下2点:希望のサイズにカスタマイズできる「ブリッジデスク」。背面も美しく仕上げているため、壁付けではなく、モニクの家のようなレイアウトが叶います。素材は写真のウォールナットのほか、オーク、チェリー。引出し内の仕切りはオプション。W150×D70×H70cm　¥470,000 カスタマイズは都度見積り。チェア「KS1-F」¥180,000/ともにFILE

上:無垢材を切り出した脚部が軽やかな印象のリビングテーブル「モンテベロ」。奥行きはコンパクト。オーク材3色、ウォールナット材2色。天板は本体と同じ木質かレザーから選べる。W120×D55×H72cm ¥254,000~(W100×D50cmも) チェア「レプカ」¥89,000/ともにアルフレックスジャパン

ダイニングキッチンになじむ贅沢チェア

ほどよく包まれるような掛け心地。デンマークブランドの「E005エンブレイス・アームチェア」。W59×D55×H85(SH46.5)cm ¥186,000～／カール ハンセン&サン フラグシップ・ストア東京

上：菊川邸(P.20)のダイニング。右：サドルのような厚革×ファブリックで柔らかな座り心地の「インチーザ」。イタリア「デパドヴァ」。W58×D58×H84(SH48)cm ¥380,000～キャスター付きも。／エ インテリアズ｜ボッフィデパドヴァ東京

キッチンカウンターをデスクがわりにするのなら、ぜひこの座り心地のよいスツールを。軽量なのも魅力。「SWEEPカウンター」W44.5×D50×H90cm SHは60・65cmの2種 ¥84,000～／エ インテリアズ｜ボッフィデパドヴァ東京

壁面にシステム家具でワーキング空間を

ワークスペースでありながら、チェアを外せば端正な棚に早変わり。足元があくので、部屋をすっきり見せてくれるのも人気の理由。
イタリア「ポロ」の「モダン ハンギングデスク+ロードイット システムシェルフ」。W280×D58×H160cm ¥726.000～ チェア「コンチ アームチェア」¥197,000～／ともにエ インテリアズ｜ボッフィデパドヴァ東京

伝説の家具職人を訪ねて

「心と技術をこめた
家具は、
身体は言うにおよばず
人の精神も
支えてくれるものです」

アイナ・ペダーセンさん

椅子はもっとも人に近い家具。
多くの名作を遺した
デンマークの巨匠ハンス・J・ウェグナーの
よき理解者として、その製造に携わってきた
トップブランド「PPモブラー」の創業者アイナさん。
家具づくりへのかわらぬ情熱をもつ
氏の自宅を訪ねました。

PROFILE

「PPモブラー」創業者。家具職人。
若い頃より家具職人として研鑽を積み、
1953年に30歳で現工房を設立。北欧を代表する
デザイナー、ウェグナーのチェアを具現化し、
デンマーク家具の黄金期を支える。
手仕事と機械化の融合にも成功し、
1991年ウェグナーがデザインした一連の家具の
製造を担い、世界に名だたる工房となる。
2020年3月惜しまれつつ96歳で逝去(取材は2019年11月)。
生涯現役を貫いた。息子、孫もクラフツマン。

コペンハーゲン中心部から車で40分ほど。
工房にも近い低層の集合住宅。

CHAPTER 5

よい家具と暮らす意味

アイナ氏の書斎を兼ねたリビング。書棚の前には「PPモブラー」の「PP124ロッキングチェア」（ウェグナー デザイン）。デスクは「ポール・ケアホルム」、ペンダント照明は「レ・クリント」。北欧の名品が呼応する、若々しく心地よい空間です。

これが伝説の家具職人の手なのか……大きな手で96歳とは思えない力強い握手で著者を迎えてくれたアイナ氏。招かれたリビングは、レジェンドのいまだに瑞々しい感性を表すようなインテリア。彼の工房が製作したデザイン史に残る椅子が、主を待つように並んでいます。

「66年前に工房を始めて以来、最上の素材への愛をもって、よい家具をつくり、共に働く人に愛をもってあたってきました」。家具に対する愛と人に対する愛、アイナ氏が最初に語った言葉です。年月を重ねることで価値がむしろ上がり、100年は使えるものをつくる。その担い手である約30名のスタッフは男性も女性も、経験のある人もない人も同一賃金。経験者は次の職人を教育することに満足を得る。そうして皆でやってきたことも誇りだと語ります。

90代で現役の
ピーターセン氏の
相棒は
50年選手の名作家具

02

01

03

04

01 デザインを最初に見たアイナ氏が少し古びていないかと指摘をし、ウェグナーがデザインを見直したという逸話のあるロッキングチェアは今も輝く名品。02 心地よさげな「PP225 フラッグハリヤードチェア(1950)」。人を寛がせ、心を自由に羽ばたかせるのも椅子の力。03 書斎の仕事用チェア。04 キッチンとの間の吊り戸には、片口など日本の器も飾られて。

座るだけで
活力と安らぎに包まれる
椅子はPP の真骨頂

05 08 椅子の真価は見えない中材で決まる。「ベアチェア」は熟練の職人が一脚一脚それぞれに少なくとも2週間かけて仕上げる。女性の職人も多く、工房は厳しさをもちながらも穏やかな雰囲気。スタッフの誕生日には工房内でお祝いの会が催されるそう。そうした現場から人を幸せにする家具が生まれます。

06 より強度のある堅牢な家具をつくるため、木材は乾燥等の過程で半分以上を捨て最上の一品を目指しています。

07 デンマーク王室から特別にオーダーされたチェア。塗装と座面のテープの色は王室の指定色、背面中央には紋章が。

05

06

07

08

そして、椅子は隠れている中身こそが素晴らしいものでなくてはいけない、とアイナ氏。同社がつくる「ザ チェア」(P.10) や「ベアチェア」(08) はいつか手にしたい憧れの家具。「ベアチェア」の中材は、麻、椰子の木の繊維、コットン、馬毛。湿気のこもらない天然素材で最上の座り心地を叶えています。「確かな品質のものをつくる間は信頼を得られると信じていますが、少しでも手を抜けばすぐにそれを失うことを理解しています」。見た目だけでない、体感でその価値が分かる家具の本質を説きます。「私たちの工房でつくっているものは非常に複雑で手工芸が必要なものばかり。工場で簡単に作れないようなものに、好んで挑戦してきました」。今大きな工場では起こっている不幸なことは、機械があればできる、という考えだと言います。機械が家具をつくるわけではなく、きちんとした職人がいてこその家具だと。

近年工房の外に植えた木が倒れ、なんと……その木で自身の棺桶をつくったと笑うアイナ氏でしたが、最後まで引退の文字と無縁、アジアへも出向き、世界中の顧客の信頼に応える日々でした。

日本の読者に向け、部屋づくりへのアドバイスを聞くと、むずかしいな……と言われた後、「心地よく座れる、質のよい椅子をもつことでしょう。腫れ物に触るようなものではなくて、使って使って使っても丈夫で、きちんと座れる椅子をね」。

素材、つくり、そして仲間に真摯に向き合い続けたマイスターたちが、100年先を見越して愛と技術をもってつくる椅子。日々の暮らし、そして生きる姿勢を支え、ととのえてくれるに違いないと感じました。

上質な北欧家具は、文字どおり「財産」。大切に使えば価値も暮らしの質も上がります

家で過ごす時間の長い北欧の人は、家具や照明が自分の気持ちにどんな影響を及ぼすかをよく知っています。上質な北欧家具を扱う仕事に携わり、デンマーク家具事情にも詳しい小林久子さんにお話を伺いました。

小林久子さん

加藤　デンマークでは、ウェグナーのチェアや「ルイスポールセン」のPHランプ（P.43）が、それは多くの家庭で代々受け継がれながら使われています。格差の少ない社会とはいえ、決して安価ではない自国の品が、暮らしの定番として愛されているのはなぜでしょう。

小林　彼らは大きくいえば政府も含めて、圧倒的に自国のものを信頼しています。そして引越しや結婚というターニングポイントに限らず、日頃から時間をかけて家をととのえています。デンマークの友人は「ロイヤルコペンハーゲン」のカップ＆ソーサーでも「高くて一度には買えないから、1客ずつ10年を目標に揃えたい」と言います。信頼できる、長く使える品物を少しずつ、が基本スタンスです。家具も独身の時から自分がホッとするアームチェアなどを少しずつ手に入れ、パートナーと暮らすようになると互いの家具をミックスして、余分なものがあれば売りにだす。リサイクルの仕組みもよくできています。

加藤　良い品は、良い時間をくれることを経験として知っていますよね。新品にこだわらず、ヴィンテージを価値あるものととらえていますね。

小林　成長するにつれコストダウンに重きを置くブランドもあるので50年前のものに価値がある、という考えも一部にはあります。ただ「PPモブラー」のように、価格競争に加わらずクオリティ第一のブランドが少なからずあるので、世の中に“100年以上使える家具”という評価基準が定着しています。先日うちの社員が15年前に約50万円で買った北欧のソファを200万円で手放しました。良いものであれば、値段が上がることはあっても、下

小林久子さん

「スカンジナビアンリビング」セールスマネージャー。約20年間、北欧家具に携わり、現地のデザイナー、職人とも交流を重ね、家具づくり、そして生活事情に精通している。神戸でご主人とお子さんとの3人暮らし。

左：小林邸でもつかっているソープ仕上げ(＊)の家具。
上：白木の家具をきれいにする特別な石鹸。前頁のアイナ氏曰く「使うほどきれいになる。女性が年齢とともに美しくなるようにね」。

無垢の木を身体にフィットするよう削りだした「PPモブラー」のスツール「セラ」。優しい座り心地。パウダールームやキッチンに。材は4種類。

コペンハーゲンの一等地にある「KLASSIK」。ウェグナーなど名作家具のヴィンテージ品を扱う。どれもコンディションは素晴らしく店内には高級感が漂う。

自粛という思いがけない時を過ごしたゆえか、心地よく思索にふけることのできるような椅子を求める人が増えている。

がることは少ないでしょうね。

加藤　なるほど。秀でた北欧家具はそれなりの価格ですが、日本ではどんな方がお求めになりますか。

小林　デザインを全く知らない方でも、触って座ってみて「これがいい」とおっしゃることもあります。

加藤　身体に訴える力が強いんですね。よい家具と暮らすと人生がかわる、と聞きますがその辺りはいかがですか。

小林　30代の独身男性が、賃貸のお宅に車1台の価格のチェアを購入されて、以来、器や食事にも気を使うようになり、ご自身の仕事の質まで変わってきたと伺ったことがあります。

加藤　よく分かります。小林さんはそういったご経験はありますか。

小林　15年前、まだ子供が3歳の頃、ダイニングテーブルとチェアを買いました。無垢の天板にソープ仕上げ(*)をしたもので、思い切った買い物でしたが年に数回の手入れで今も変わらない美しさです。気に入ったテーブルがあると家族や友人と食卓を囲むのが楽しいですし、招いたり招かれたりするうちに互いをさらけ出して、悩み事を話したり、アイデアを交換したり。外で会うのとは全く違うネットワークを築けました。

加藤　お子さんがよい家具で育たれたことも意義あることですね。

小林　ええ。よい椅子でちゃんと座ることも身につきますから。

加藤　北欧家具は派手さはないけれど、長く寄り添う信頼できる相棒。代々受け継がれる、まさに財産ですね。

加藤登紀子

Scandinavian Living
東京ショールーム(白金台)

「思いを込めて選んだものには愛着が生まれ、日常のなかで立ちどまり、深呼吸をするような時間をくれる」というコンセプトで「PPモブラー」「フレデリシア」など秀でた北欧家具を扱う。基本、販売店もしくは設計事務所スタッフ同伴の事前予約制。TEL:03-5789-2885
www.scandinavian.co.jp

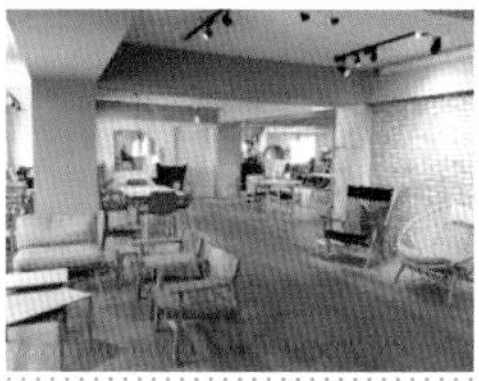

CHAPTER 6

FILE'S CUSTOMERS' FILE

インテリアをととのえたら

幸せの質がかわった

これまで、素敵な暮らしをしている知人はもちろん、
インテリアや建築のプロにも声をおかけして、
多くのお宅を取材してきました。
そのなかで、「お客さまとお友達なの?」と
思うほど親密な距離感で、
住み手の持ちもの、収納のクセ、好きな食べ物、
生活の時間帯などをつかみ、忖度なしに
細やかなアドバイスをしているのが
デザイン事務所「FILE」でした。
もちろん、素晴らしいお仕事をしている方々は
ほかにたくさんいらっしゃいます。
ただ今回は施主の生活に
果敢に踏み込むことで、
心のもちようや、幸せの質をかえていった様子を
実例を通してみていきたいと思います。

O邸

子供が独立、和室を自分自身のための書斎とドレッシングスペースに

左：「オープンクローゼットは大正解。好きな服は見ていて楽しいし、きれいにする習慣もつきました」。
右：ドアには大きな姿見を。「すっきりした白い壁をバックに自分の姿を眺めるのは気分がいいですね」。

和室をなくしてサイズダウンしたものの、
コーディネートの力で
格段に居心地よくなったLD。
寛ぐための部屋になりました。

お嬢さんが独立し、再び夫婦ふたりの暮らしになったOさん。賑やかに暮らしていた時には目をつぶっていましたが、それを機会に服やバッグなど自分の持ちものを夫と共有のクローゼットではなく、きちんと収められる“自分の陣地”がほしい……と思い始めたそうです。そこでプランナーが目をつけたのがリビング横の和室。今まで何となくものを置いていた曖昧な部屋を、Oさんだけの空間にリフォームすることを提案。「クローゼットに加え、夢だった自分だけのデスクまでつくれて、ここにいるだけでバラ色の気分です」。ときにOさんのものもあふれ雑然と見えたリビングも、今は寛ぐことを最優先した心地よさ。「夫はリビングで機嫌よく過ごす時間がふえました。私はオシャレも楽しくなり、自分と家をととのえることに喜びを感じています」。それぞれの時間も、夫婦一緒の時間もずっと快適になったO邸。お父さんとお母さんだった関係も変化し、大人同士の心地よい距離感を手に入れたようです。

スウェーデンの収納システム「ストリング シェルフ」でつくったデスク&本棚。
こちらの本棚の奥行きは30cm。
サイズバリエーションが豊富で、軽やかなデザイン。
わずかなスペースにも、落ち着く自分の空間をつくることができます。

若林邸

住み手の心地よさを願い
マニアックなほど
こだわった収納家具

　年月の積み重ねで増えたものを、収納家具をカスタマイズしてととのえ直す。京都発の人気ブランド「SOU・SOU」代表の若林さんご夫妻のお宅は、まさにその好例です。収納の手腕に定評のある「FILE」が、お二人の家を訪ねてわかった問題点は、『収納が大きな箱でしかない』ことでした。努力して収めてはいるものの定位置がなく、探しにくく出し入れもしづらい、“もったいない”デッドスペースも発見。そこでご夫妻と一緒に、いるものといらないものを仕分けし、サイズを測った後に、もののアドレスを決めこんだフルオーダーの収納家具をデザイン。この行程は、生活を心地よいものにしたい、というクライアントとプランナー、双方の情熱なしにはできない緻密な作業です。片づけにも喜びを感じられるようにと、収納家具は美しい天然木で仕上げました。「散らからない大人の家」には、この家具が大きな役割を担っています。

上右：細長い敷地に建つビルの2フロアがご自宅。
カウンターの後ろは以前は大箱の収納で、
中は雑然とし、ものはカウンター周りにも
あふれだしていました。
今は「FILE」渾身の造作家具で、必要なものが
すぐ手にとれる位置に収められました。
上左：玄関の下足入れには、
照明の役割も兼ねた飾り棚。
こうした家への小さな遊び心が
日々を潤わせていきます。
下左：オットマンには「SOU・SOU」の
遊び心のあるファブリックを。

行き届いたデザインの家具が
ダイニングをワンアクションでワークスペースに

キャビネットの一部を引き出すと
ご主人のノートパソコンが表れます。
ここからパソコンをカウンターテーブルにとりだせば、
ダイニングはリモート空間へ。

左：ウォールナットの美しい食器棚。
食器などの細かい品は、
それらに高さを合わせた引出し収納。
取っ手は天然目の優しい手ざわり。
プランナーは家具の取り付け後、
モノを収めるところまでケアし
依頼があればアフターチェックも。
右：「バング&オルフセン」のテレビに
合わせてつくった軽やかなテレビボード。
カーブに沿って蛇腹の扉が開いていく、
工芸的な美しさのある家具。

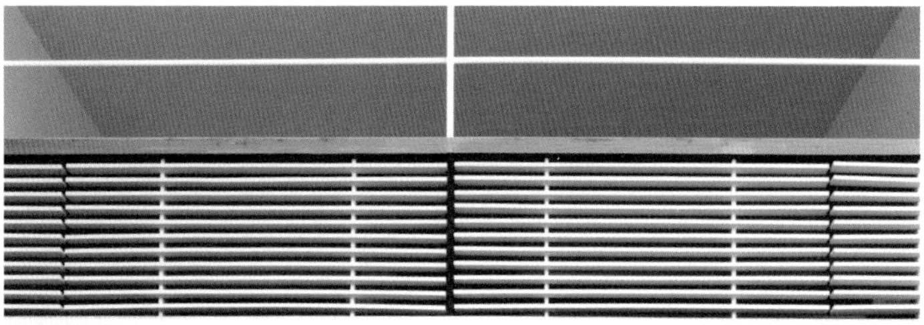

長いカウンターは、壮観。
このお宅の顔とも言えます。
キッチン作業の場と
ダイニングテーブルを兼ねた
紅紫檀の無垢材ですが、
削りと塗装をかけて、新調した家具に
雰囲気を合わせました。
キッチン側の床のレベルは
一段低いので、カウンターは
フラットになっています。

ゆったりとしたドレッサーのようなパウダールーム。
手持ちのこまごまとしたものが完璧に収まるように、サイズ違いの
引出しや棚をデザインしています。スツールも
ジャストサイズで収まるのはオンリーワンの家具ならでは。

奥さまからは「家中にバラバラと置いた、
自分のものを一箇所にまとめられれば」
というリクエストが。そこで目をつけたのは、
2階の寝室近くで物置になってしまっていた
3畳のスペース。
収納家具とデスクを設けて、
セミオープンの奥さま専用のスペースに。
引出しには、今まで集めた好きなアーティストの
CDなどがビッシリと詰まっています。

好きなものだけを集めた3畳の書斎スペース

日々の心地よさを支える相棒たち

01 家具リフォームを機にリビングの家具もアップデート。ソファではなくそれぞれの居場所がもてるように、ご主人はウェグナーの「パパベアチェア」、奥さまはフィン・ユールの「ポエト・ソファ」(P.99)。テーブルは「マイテーブル」。**02** 家具リフォームで部屋がととのうことで、好きな器ともゆっくり向き合えます。**03** ダイニングのチェストの上には「PHランプ」。光りの美しさにも心を向けられるように。

01

02

03

山下邸

家事をラクに楽しくする垂涎のビルトイン家電とワークスペース

「丁寧な暮らしには憧れるけれど、まだ子育ての途中でさほど手間暇はかけられない。けれど、暮らしの質は保ちたい」。ご夫婦で100件近くの物件を見て決めた家のリフォームにあたり、プランナーが奥さまから受け取ったメッセージです。そしてその答えが“贅沢な家事スペース”。キッチンやランドリースペースは主婦の主戦場、LDを少し削ってでも居心地のよい場所をつくる。加えて優秀なメイドのような家電の力を借りる、という提案です。これは確かで豊かな生活実感のあるプランナーにこそ託したい。自宅をショールームとして開放し、そのキッチンで日々スタッフの食事をつくっている「FILE」の提案ゆえ、安心して受け入れることができました、と山下さん。「優秀な家電を使うのはとても気分がいい。そしてずっとここにいたい、と思うほどの快適なワークスペースをもてたことは、毎日の喜びになっています。家事をする時間が格段に楽しくなりました」。

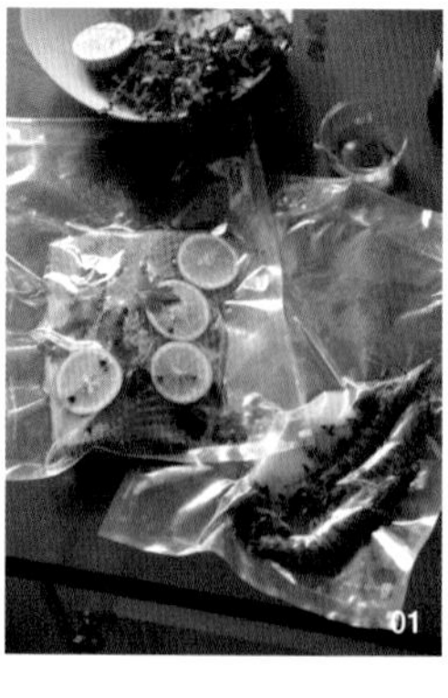

真空&低温調理を一手に洗いものが少ないのも嬉しい

「これは家電の新境地です」と山下さんが言うのは、「ASKO」の「ビルトインバキュームドロワー」と「スチームオーブン」。01 02 サーモンなどの魚介類をマリネ液とパックに入れ、オーブン下のドロワーに入れスイッチオン。たちまち真空になり、パックのままオーブンで低温調理をすればヘルシーな一皿に。調理器具を使わないので、洗いものも減らせます。03 瓶のふたを少し緩めてドロワーへ入れると、その隙間から空気を抜いて瞬時に真空に。瓶モノの新鮮な風味を保てます。

都内の築13年のマンションをリフォーム。
子育て中ながら片づいたキッチンを
保てているのは、周到な収納プランと
優秀なビルトイン家電。
右奥は奥さまのワークスペース。

健康にも配慮した最新調理家電

「ASKO」は、1950年スウェーデンで創業した世界的家電ブランド。精度の高い真空処理をする話題の家電「バキュームドロワー」は、肉や魚などの素材に調味料を瞬時に浸透させ、下ごしらえいらずに。液状のものもパックできるため、料理やフルーツの保存にも重宝。「スチームオーブン」は電気オーブン機能、スチーマー機能、スチームオーブン機能と一台3役で、蒸す、煮る、炊く、焼くとマルチ。真空低温調理モードをつかえば温度管理も簡単にヘルシーな料理が。

「FILE」が勧める、コンロを短辺の壁側に設けた
コの字型のオープンキッチン。動きやすく、
また調理中にLD側に背を向けないつくりなので
視覚的に閉塞感なく、LDの気配が分かります。

キッチン横の窓辺には奥さまのワークスペースを。
造作家具で十分な収納を設け、日々の生活やお子さんの
学校関係の書類等きちんと分類して。
チェアは座り心地のよいカール・ハンセン&サンの「エルボー」。
一息つけるオアシスのような場所。

忙しい主婦の動線も、
空間としての美しさも大切に

ホームランドリーこそ高機能に

多くの洗濯乾燥機の中から「ASKO」を選んだ理由を「FILE」に聞くと、汚れ落ちがよい、自身が15年以上使っているが性能が衰えずに耐久性がある（スウェーデンの厳しい基準を満たしているだけある）、デザインが美しい、海外家電の中ではコスパがよいことだと言います。「料理は出来合いのものを気軽に買ってくることができても、洗濯の多くは家で担わなくてなりません。ランドリースペースをととのえることは、日々の余裕に繋がります」。

狭くてやや暗い印象だったバス&
パウダールーム。スペースを広げ、
白いインテリアで一新しました。
家族4人のために洗面ボウルは2つ。
ランドリーは「ASKO」の洗濯機と乾燥機。
その上のカウンターで衣類を畳み、
アイロンをかけてと、ラクな家事動線に
助けられます。これだけの場があれば、
日々の生活は輝くでしょう。

身体と空間にしっくりとなじむ 無垢材の家具

左頁：光がたっぷりと入るダイニングには
「FILE」オリジナルの家具。
この部屋で大きく育ったエバーフレッシュが
居心地のよさを語るようです。
右：ソファには肌ざわりのよいデンマーク
「クヴァドラ」のテキスタイルを。
奥の「ベアチェア」には、ご主人とふたりの
娘さんが一緒に腰かけることも。
上質なウールのラグも「クヴァドラ」。

石川邸

その家の
歴史を刻める
本物素材の家具

成長が緩やかで堅牢な銘木・山桜をつかった贅沢なオリジナルキッチン。京都出身の
石川さんのデザインゆえ、どこかしっとりと繊細な和風の趣も。
無垢材だけでは重厚すぎるため、扉材は同材の
突板をつかうなどの工夫で、本物の質感と洗練を両立したデザインに。

「よい家具を大切につかって暮らすと、人生は必ず豊かになります」と「FILE」代表の石川さん。仕事場兼ご自宅のキッチンは希少な山桜を使用。無垢材ならではの有機的なフォルムが美しいダイニングテーブルも山桜。自然の手ざわりが心を穏やかに満たしてくれる空間です。「たとえばダイニングテーブルの木目の美しさに日々触れていると、次は器の質感にこだわりたくなる。そうして食事の時間が豊かになると、次は友人たちを招こう……と、気持ちが一歩も二歩も進んでいきます」。ご自身の体験だけではなく、お客さまのそうした嬉しい変化を多く見てきたそうです。惚れ込める自然素材の家具に出合えば、ワックスや削り直しなどの手当てをしながら長い時間をともに過ごせる。家族や友人たちとのかけがえのない日常を蓄積した家具は、暮らしを励ますその家のオンリーワンの財産になるようです。

オリジナルの優美なダイニング「SHIP TABLE」を仲間と囲んで。
天板のエッジ、脚の曲線は山桜の無垢材を
手で削りだしたもので、工芸品のような丁寧なつくりです。
食を囲む場からダイニングから幸せが繋がるようにと。

大切な器を際立たせるのも
上質な素材の力です

上左：キッチンの吊り戸は山桜×繊細な
銅の支柱という贅沢な取り合わせ。
小さなダウンライトを。
上右：海外で見つけた器。デイリーに
パン皿などにつかっていますが
こうした古い器がなじむのも、
無垢材のテーブルの魅力です。

左：グラスひとつも大切なもの。
収納している時も美しく見せたいと、
扉の内側も天然木で仕上げています。
グラス類はテーブルにさっと出せる
ように、ダイニング側に。グラス
ひとつ分の奥行きの浅い収納を。
右頁上：キッチン横にはヴィンテージ
のテーブルでワークスペースを。
フィンユールのチェアには愛犬グリ。
右頁下2点：パウダールームの扉と天板も
山桜の無垢材。木の質感に癒され、
眠る前のケアも心地よく。
玄関近くには木板に真鍮の金物が
美しいコートフック。細部にもこだわりを。

オリジナル家具について

ダイニングテーブルやチェアなどの「FILE」オリジナル家具は創業以来の豊富な経験で磨き抜かれたデザイン。自社工場（京都）をもつため、それぞれのクライアントの家に合わせて、サイズや素材の変更に細やかに応えることが可能。家具、オーダーキッチン、洗面化粧台、建具や壁パネルなどの仕上げ材を、同じ樹種、同じ色でトータルに仕上げることも容易です。

どんなインテリアにも寄り添う
ルイスポールセンの名作照明

コペンハーゲン近郊を歩くと、
何軒もの家の窓からルイスポールセンの灯りが
温かくもれる光景に出会います。
出窓に置いた「PHランプ」や
ダイニングのペンダントなど、けっして
安価なものではないのに、
多くの人の暮らしのなかで受け継がれています。
こちらは5章6章でご紹介した国内のお宅。
灯りをつけた時も消した時も美しい佇まいで、
どんな空間にも寄り添ってくれます。
ふわっと柔らかな拡散光、
手元を照らすポイント照明など、空間に合った
光の広がり方も選びのポイントです。

72枚のシェードによる 美しい光のオブジェ

名作照明のアイコン的存在の「PHアーティチョーク」。72枚のすべてのシェードに光源があたり、光の彫刻のような美しさです。器具自体を照らす間接光と、グレア（眩しさ）のない良質な光のハーモニー。吹抜けなどに。（若林邸）

世界中で 愛され続ける「PHランプ」

‘3枚のシェード’からなるPHランプ。ポール・ヘニングセンが1928年に発表し、眩しさのない上質な灯りは今も愛され続けています。写真の「PH 3 1/2-2 1/2」は、塗装仕上げ（全4色）のトップシェード、ミドル&ボトムシェードはハンドメイドの乳白吹きガラスから成り、ベースと支柱は真鍮の贅沢な仕上げ。（若林邸）

集う人の気持ちを ひとつにするペンダント

テーブルを温かく照らす「PH 5」。テーブルを囲む人々の表情を柔らかく美しく照らすために、照明の下端をテーブルトップから60cmの高さにセット。（山下邸）

片隅に行灯のような柔らかい灯り

LDの片隅にあるワークスペースには「VL45 ラジオハウス ペンダント」。ガラスシェードが空間に柔らかい拡散光を均等に広げる全般照明用ペンダントです。コーナーの灯りは視線をとばして部屋に広がりを。(石川邸)

壁を美しい光で照らす

壁をふんわりと照らすと、居心地のよい明るさ感を得ることができます。小さなPHランプ「PH 2/1ウォール」。(若林邸)

上下左右に光の方向をかえられます

アーネ・ヤコブセンが1957年にデザインした「AJ ウォール」。シェードを上下に60度、左右に120度動かせるので、光を必要な場所へ向けられます。光の場所で、部屋の雰囲気をかえられるのも面白い。全10色。スティール製。
(左:O邸　右:山下邸)

深夜のパウダールームに癒しの灯り

PHランプの中で最小、直径20cmの「PH 2/1ペンダント」。すべてのシェードの内側にフロスト加工をすることで眩しさのない柔らかい光を。
(ひより邸)

LOUIS POULSEN

ベッドサイドにミニペンダントを

外側のメインシェードと内側のコーンで構成され、光が上下に広がる「ドゥー・ワップ」。点灯していない時もベッドルームのアクセントに。
(ひより邸)

実録＊ 菊池邸

「忙しくても幸せを実感できる家」がてきるまで

家庭では双子のお嬢さんとご主人のサポート、会社では重責を担う仕事。
そんな息つく間もない日常を、少しでもラクにしてくれる家を願って、
「FILE」とのタッグでフルリフォームに挑んだ菊池さんのお宅へ伺いました。

PROFILE

某有名企業にお勤めの奥さまとご主人。
30代後半で授かった双子のお嬢さん（小学4年）と4人家族。「FILE」とはダイニングテーブルを購入した18年前からのお付き合い。

結婚後18年間暮らしたお宅でも、収納やキッチン、寝室など「FILE」で4回の部分リフォームを重ねてきた菊池さん。ある日絶好のビューをもつ、二度と出会えないほどの好物件のチラシを見て、ご夫婦は石川さんを伴って現地へ出向きます。「どんな間取りでどんな生活ができるのか……今までのリフォームを通して私たちの日常を理解している石川さんの意見を参考に購入を決めました」（菊池さん）。まず提案を受けたのは、個室を一つつぶしてのキッチンの拡充。料理、リモートワーク用のデスク、カウンターバーのように一息つける場所と、多機能なコックピットのようなキッチンから暮らしをととのえていく、という方針を固めます。加えて菊池さんの持ち物をすべて把握した収納プランなど、オーガナイズされた新しい日常への期待は、打合せのたびに高まっていきました。今までのコミュニケーションも手伝い、7回の打合せでプランは最速の2ヶ月でまとまり、4ヶ月間の工事を経てフルリフォームが完了。

「日常のストレスの多くが軽減され、家の力を実感しています」と菊池さん。「ととのった」と感じるポイントは大まかにいえば3つ。まず、家の隅々まで使い勝手と収納にこだわったことで、無造作に雑然とものが溢れることがなく、日常の動きが無駄なくスムーズになったこと。2つ目はスペースの大小に拘わらず用途に適したテーブルを各部屋に設けたことで、家族がほどよい距離感を保てるようになったこと。とりわけリモートワーク用のデスクは、オンとオフの切り替えに効果大だそうです。そして3つ目は楽しみの部分。「えっ、これ個人宅に使うの？」と躊躇するような大ぶりな照明や贅沢な家電、作り込んだ玄関ニッチなどをとり入れたことは「大成功」、日々の潤いになっているそうです。

仕上がりをCGで提示されるため、細かい部分までイメージができる。奥さまはCGに要望などを書き込みブラッシュアップする努力も。

必要充分な収納プランで実現した穏やかな空間

キッチン横の個室をひとつつぶして、広々としたLDKに。以前はお子さんの勉強道具や、ご自身の仕事道具がダイニングを侵食することもありましたが、今はすっきり。無垢板のテーブルは3mまでエクステンションでき、ホームパーティにも活躍しそう。インテリアのイメージは手持ちのダイニングのペンダントから広げていきました。キッチンにはアイランドカウンターやワークスペースを広々と。

暮らしがととのうインテリアの10の理想

1

女性プランナーならではの、家事のしやすさを考え抜いたプラン

確かな経験値で導いた
「家事と仕事の両立をラクに楽しく叶えるには」の答え

03

01

02

01 右がリモート用のデスク。家事をしながら仕事、仕事をしながら家事を。02 時短で本格的な料理ができる、山下邸（P.104）と同じスチームオーブンとバキュームドロワー。03 ランドリースペースは贅沢に。引出しの中からは、折り畳み式の本格的なアイロン台。洗剤にもきちんと定位置が。自然光がたっぷり入り、家事の時間も楽しめる。04 パウダールームにはたっぷりの収納。家族4人の下着は、洗濯乾燥後にこの引出しにしまいます。バスルームはレインシャワーも設けた癒し空間。扉はホテルライクにガラス扉に。

04

2 「ととのえる」の大前提 持ち物に合った完璧なオーダー収納

細やかな収納計画をたて
持ち物はすべて見えて取り出しやすく

キッチンの引出し。「中の収納方法まで計画してもらい、最終のセッティングまでお任せしました」。フルスライドですべてを見渡せる引出し。手前はかつお節などの乾物。奥はキッチンツール。扉材は数点サンプルを確認しながら決めていきました。

キッチン横の棚がバッグの定位置。帰宅するとまずここでバッグを置いて一度整理をします。扉の裏側はマグネットになっていて、お子さんの学校のプリント、ご自身のスケジュールなど、都度確認できるようにピンナップしています。

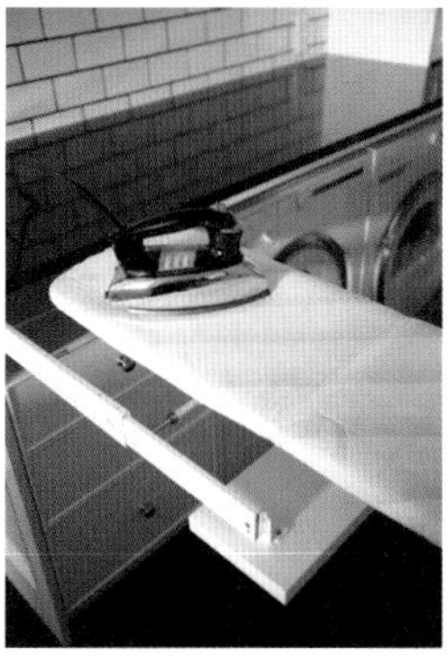

パウダールーム内、ドライヤーを入れる引出しにはコンセントも完備。コンセントにつないだまま収納し、そのまま使える。こうした工夫が、小さなストレスをひとつずつ減らしていきます。

3 使いやすく掃除がしやすい ストレスフリーの配線プラン

スイッチやコンセントを欲しい場所に設置、
配線を埃だまりにしない

少し奥まった場所にあるデスク。高さはキッチンカウンターに合わせた86㎝、チェアは座り心地のよいハイスツール。立つ、すわるがスムーズで、普通のデスクのように座り通しにならず、リモート時間もきびきびと。キッチンには奥さまがその美しさに惚れ込んだ北欧の名作照明「PHアーティチョーク」。天井をギリギリまで上げて設置が叶いました。「見るたびにその美しさにうっとり」

デスク横のウォールナット材の扉をスライドアップすると、プリンターとペーパーが。プリンターの下の台は手前にスライドするため、ストレスフリーな使い勝手。扉を下げれば、すっきりと端正な空間に。

4 在宅ワークを考えた居場所づくり

キッチン横のワークスペースには、
集中でき、作業中の動作もラクな工夫を

新居で「どうしてもこれの置き場がなくては困る」と思ったもののひとつが、ご夫婦で数台お持ちのiPad などのタブレットやPC。引出しの中を充電コーナーとして、完了したら持ち出す。どこに置いた？ 充電し忘れた！ と慌てることもなくなりました。

5

健康を守ることを
大切に考えた睡眠スペース

マイナスイオン環境をつくる空気循環
システムで心地よい眠りを

壁・天井に塗布したヘルスプロテクト（炭の塗料）に電子を流すことで、化学物質やハウスダストを除去し、マイナスイオンの多い快適な室内空間をつくる「スミキャス」を採用。仕上げ材は通気性のある環境壁紙「エコフリース」。

スタッフのアテンドで
ショールーム巡りも

「クヴァドラ」のショールーム。
カーテンや椅子張り地、
ベッドカバーに仕立てる
テキスタイルなど、
感触をたしかめ、仕上がりを
想像しながら選んでいきます。

6

暮らしを彩る
「余裕」のアイテムとコーナーづくり

実用だけに終始せず
気持ちを上げるインテリア要素

玄関には花をたやさずにいたいという奥さまの希望でつくったコーナー。コンソールテーブルは「FILE」が菊池家のためにデザイン・制作した一点もの。「ケーシング（枠）が額縁のように花を見せてくれます」。

以前「FILE」でつくったTVボード。右端の縦長の1ユニットのみ追加で製作し、新居のバランスに合わせました。高さが足りなかった分は梁をおとして収めています。

7

リユースを考えたものづくり

以前の家でつかっていた
造作のキャビネットを再利用

海外のお宅のような腰パネルをつけたかったと奥さま。ウッドシャッターと同色で、腰パネル、収納、幅木をフルオーダーで製作。色、サイズ、素材のすべてに妥協のないコーディネートに満足。

8

自社工場があるから叶う完成度の高いコーディネート

既製品に頼らず、
すみずみまで行き届いた仕上がりに

9

大切なペットとの暮らしにも配慮したプラン

ペットに優しい仕上げ材、トイレスペースや
必要なグッズの収納

床材は表面に少し凹凸のあるタイル。愛犬が滑りにくく、粗相をしてもサッと拭けます。人にも優しい足ざわりで、床暖房も完備しています。キッチン内の調理台から離れた、リモート用デスク横の収納の下に愛犬用のトイレスペースを。周囲の壁には消臭効果の高い「ヘルスプロテクト」を塗布。グッズもきちんと収納。また間取りは愛犬が走り回れるように、仕切りを少なくした回遊型に。

無垢板を低温で乾燥させることで、細胞が生きたままの自然な風合いに。この材でつくった「FILE」のオリジナルテーブルは反りや割れが出ない点も特徴。

10

家に生気を与える良質な無垢材の家具

木の細胞を壊さない、生きた材に
こだわった無二のクオリティ

「モノに定位置があるので、夫と子供も片づけに参加して、家族のチームワークはよりよくなりました。家のなかの景色がきれいだと、穏やかな気持ちで過ごせますね」。

「FILEの提案は
どんなところから
スタートするんですか？」

オリジナル家具等の販売、リフォームや新築時の
インテリアデザインを手掛けるFILE。
お客さまと友人同士のような関係で、
その暮らしまで深く入っていくのはなぜなのか。
代表でプランナーの石川敬子さんに伺いました。

──「FILE 東京」は石川さんのご自宅をショールームにしていますね。初回の打合せは必ずそこで、と伺いました。FILE が理想とする暮らしを共有するには、確かにそれが近道ですね。

石川　ええ、最初に私たちの提案する暮らしがどういうものかをお客さまに体感していただきたくて。全体の仕上がりだけではなく、私が毎日使っているオリジナルキッチンは引出しの中まですべてお見せして、日用品の適量から、片づけやすい収納、掃除のしやすい部屋づくりまでご説明します。

──それは説得力がありそうです。

石川「ちゃんと家事をして、ちゃんと生活をしている方なんですね」と、安心して下さいます。造作家具やリフォームをお考えの方には、家の図面をおもちいただいて、ラフプランと御見積りをお出しします。契約後は、次のステップとしてお客さまのお宅へ伺い、ご要望を聞きながら、お手持ちの品を、それこそ引出しの中まで見せていただきます。この時点でお互いに生活をさらけ出していますから、距離はグッと近くなりますね。

──石川さんは多くのお宅を見てきたなかで「もったいない暮らし」をしている方が多いといわれますが。

石川　ええ。収納が整えられずに忘れさられたもの、過剰なストック品など……循環しない、暮らしを豊かにする要素のないもので空間が一杯になっている方があまりに多いからです。

──その曇りを晴らすためにプランをつくるわけですが、大切にしている

FILE東京

自宅をショールームにし
リアルな理想形を体感できる

田園調布の閑静な住宅街にある一戸建て。生活全般のボトムアップを目指し、オンラインショップでは家具に加え、FILEが勧めるテーブルウエアや食材の販売も。
東京都大田区田園調布2丁目7-23
TEL 03-5755-5011（営）10:00〜18:00
水曜休　予約制　http://file-g.com
東急東横線 多摩川駅より徒歩5分

ことはなんでしょう。
石川 空間ではなく、暮らし方をリノベーションするということです。これはリフォームに限らず、家具のプランでも同様で、私たちの仕事の本質です。お困りごとを整理し、その後の生活をイメージします。収納と動線が二本柱ですが、このふたつを解決すると、多くのストレスは消えていきます。
──FILEの収納プランは本当に細やか。生活者目線がいき届いていますね。
石川 実は専業主婦になりたかったほど家事が好きなので、仕事と割り切れずに、深く入り込んでしまうんです（笑）。創業以来30年間、1,000件近くのお客さまの要望を伺い解決するごとに、ひとつずつノウハウを蓄積してきた強みはあると自負しています。
──頼りになる臨床医のようですね。家具、照明、カーテンなどのエレメントはもちろん、キッチングッズや収納小物まで提案して納められている。
石川 ええ、隅々までととのえた心地よさを一度体験していただきたいので。また私たちは「これでいい」ではなく「これがいい」を基準に、ずっと大切にできるものを選んでいます。そのものの良さに目を向けて、毎日5分だけでも今の幸せを感じる時間をつくっていってほしいと。
──自然素材やエコ素材で、健康や環境にも配慮されていますね。
石川　家具やラグ、仕上げ材は人が毎日ふれるものですから。また我が家に愛犬がいるためか、ペットと健康に暮らせる家というご依頼もふえています。私たちが関わることで、お客さまの暮らしが健やかで幸せなものになるのが喜びですね。

“どう暮らしたいか、何に困っているか。
最初に施主さんの
徹底インタビューから始めます　石川”

FILE代表
石川敬子さん

FILE京都

オリジナル家具のほか、インテリアアイテムの展示も充実。1Fはカフェ。

家具、キッチン、照明、ファブリックなどのインテリアアイテムを販売。内装材などのサンプルを取り揃え、予約制で新築やリノベーション、店舗デザイン等の相談を受けています。
京都府京都市左京区下鴨西本町30 2F
TEL 075-722-7524
（営）10:00～18:00 水・木曜休
新築・リノベーション等の相談は予約制
地下鉄北大路駅より徒歩約15分

Thank You

エディター、ライター、そしてインテリアコーディネーターとして
30年以上、多くの方の暮らしに関わらせていただいてきました。

素敵な家具が欲しい、友人たちを招きたい、自分らしい表情のある部屋にしたい、と
時代とともにインテリアに求められることは変化して、
そして今、世界じゅうを巻き込む思いがけない事態がおこり、
家は帰ればホッと安らげる大切な場所、
平穏な暮らしこそがかけがえのないもの、という原点に戻ったように思えます。

本誌のために訪ねたコペンハーゲンやパリでも
部屋づくりに求めているのは優しさや温かさ。
人に見せるためではなく、
自分と家族の心を満たしてくれることをなによりも大切にしていました。
家族との会話、そして自分自身との対話のできる、
小さな祈りのような穏やかな家。
私自身のこれからの部屋作りにも道しるべになってくれたような気がします。

「家での幸せを考えて本をつくったらどうでしょう」と背中を押してくれた
FILEの石川敬子さん、寛大に支え続けてくれた加藤ゆかり編集長、
フォトグラファーの皆さま、美しいデザインで仕上げてくれた櫻井事務所さん、
そして心をひらいて取材に応じて下さった方々、私のファミリーにも、
愛と感謝をこめて、どうもありがとう。

たくさんの本の中から本書を手に取って下さった皆さまの
心に届くことがあれば嬉しいです。

2020年6月吉日
加藤登紀子

協力店INDEX

アイ・ネクストジーイー　03-5496-4317
アルフレックス ジャパン　0120-33-1951
H.P.DECO　03-3406-0313
エ インテリアズ|ボッフィデパドヴァ東京　03-6447-1451
カッシーナ・イクスシー青山本店　03-5474-9001
カール・ハンセン&サン フラッグシップ・ストア 東京　03-5413-5421
クヴァドラ ジャパン　03-6455-4155
CIBONE　03-6712-5301
ザ・コンランショップ　0120-04-1660
スキャンデックス　03-3543-3453
チェルシーインターナショナル　03-5367-1061
ツナシマ商事　0120-502-740
ニチエス　03-5413-3341
HAY TOKYO　03-6427-9173
YAMAGIWA 東京ギャラリー・ショールーム　03-6741-5800
リビング・モティーフ　03-3587-2784
リヤドロジャパン　03-3569-3902
ルイスポールセンジャパン　03-3586-5341

*本書に掲載の情報は、2020年6月末現在のものです。
断り書きがないかぎり価格は、本体のみの価格となります。

加藤登紀子　Tokiko Kato

東京生まれ。日本女子大学卒業。
フリーのエディター、ライター。
「住む人を幸せにするインテリア」をライフワークとし、
国内外の1,000軒以上の家を取材。幅広いネットワークをもち、
ライフスタイルに関わる企画も多数手掛ける。
また「デザインオフィス シュエット」を主宰し、
住宅・商業施設のインテリアコーディネートも行う。
月刊誌『HERS』の連載をまとめた著書
『大人の幸せなインテリア 女性がくつろげる家・40軒』
（光文社）がある。
Instagram: @tokiko.maison

デザイン　櫻井 久、鈴木香代子（櫻井事務所）

DTP　山本秀一、山本深雪（G-clef）

撮影　金子美由紀（Nakasa & Partners）〈ひより邸・山下邸〉
ひより〈若林邸〉
吉川直希〈O邸・若林邸・FILE京都〉
吉澤健太〈植村邸・菊川邸・浜島邸・さとう邸・石川邸・対談〉
松永 学〈コペンハーゲン、パリ〉
前田直子〈ニューヨーク〉、Will Ellis〈ワイオミング〉

コーディネーター　冨田千恵子、三浦久子〈コペンハーゲン〉
荻野雅代〈パリ〉

編集協力　仁平 綾〈ニューヨーク〉

ヘア&メーク　太幡勝己（Allure）〈対談〉

フォトリタッチ　江本祥多（シカク）

TIPSスタイリング協力　石山とみ子

フードコーディネート〈山下邸〉　橋本彩子

心《こころ》をととのえるインテリア

INTERIOR For MINDFULNESS

2020年7月30日　初版第1刷発行
2021年2月28日　第3刷発行

著者　加藤登紀子《かとうときこ》

発行者　田邉浩司

発行所　株式会社　光文社

〒112-8011　東京都文京区音羽1-16-6
電話　編集部 03-5395-8172
書籍販売部 03-5395-8116
業務部 03-5395-8125
メール　non@kobunsha.com

落丁本・乱丁本は業務部へご連絡くだされば、お取り替えいたします。

組版　近代美術

印刷所　近代美術

製本所　ナショナル製本

ISBN978-4-334-95169-6